中国醉拳

郭玉成　主编

人民体育出版社

目 录

第一章　醉拳概况

第一节　醉拳的起源

醉拳，中国象形拳代表之一，是中国优秀的传统文化。醉拳是以独特的醉形、醉态和功法技法相融合的一种拳术，又称“醉酒拳”“醉八仙”（醉八仙传说是模仿汉钟离、吕洞宾、韩湘子、蓝采和、张果老、铁拐李、曹国舅、何仙姑八位神仙醉形、醉态的一种拳法）。关于醉拳历史考源，查阅现有资料，说法不一。《中国武术百科全书》中记载：“醉拳形成于明清，张孔昭著《拳经拳法备要》即载有《醉八仙歌》。”但又有学者认为此资料内容简单，文字极少，加上没有历史传承等记载，查无可考，难以确定醉拳来源于此处。对于历史，我们很难辨明真伪，不管醉拳的历史如何，谁人创造，但有一点不可否认，醉拳能流传至今，必定经过一个历史发展不断演进、深化与丰富的过程。我们要尊重古老的传统历史与文化，取其精华，去其糟粕，把醉拳精髓发扬流传下去。

第二节　醉拳的内容

中国醉拳可分为四个主要部分来进行演示讲解，分别是醉拳、醉棍、醉剑及醉拳对练部分。醉拳是中华民族传统项目中的一个特殊的活动形式[①]，是模仿醉汉动作的一种传统拳术，也是象形拳的一种。醉拳基本手法有点、刁、盖、拿、采、顶、冲等，要求手法迅速，声东击西，变幻莫测；在步法上则表现出摇摇摆摆、东扯西牵、散而不乱等不同风格的醉步。总之，在练习醉拳时，要做到聚精会神，形醉意不醉，步醉心不醉，手捷眼快，步碎身活，刚柔相济。器械演练是在拳的基础上演变而来，本质相同，做到以醉迷惑对手，要惟妙惟肖地把微醉、大醉、烂醉等各种醉态通过器械及身法展现出来。醉棍使用的棍，与其他拳种中的棍不同，相比之下略短，比齐眉棍稍长。而醉剑在演练时，同样给人以眼花缭乱、赏心悦目之感。因此在演练器械时要求身械协调，配合一致。

一、酒文化与醉拳文化

酒文化与中国武术都是中国文化不可或缺的一部分，都有着丰富的文化内涵。酒中伴杂着刚烈，烈中又凸显出柔情，醉拳亦是如

①蔡龙云．琴剑楼武术文集［M］．北京：人民体育出版社，2007：19.

此。醉拳借酒来抒发情感，酒借醉拳来展现自己。醉拳经要诀曰："地龙真经利在底攻，全身卧地强固精明。伸可成曲停亦能行，屈如伏虎伸比腾龙。行停无迹伸曲潜踪，身坚如铁法密如绳。翻猛虎豹转疾雏鹰，倒分前后左右分明。"醉拳之"醉"是从醉酒的神态提炼而来，它是经过艺术处理的"醉"，与醉汉之"醉"有本质区别。它是艺术化的"醉"，是武术化的"醉"，是以醉态、醉形、技巧、拳艺、舞蹈构成的武术拳术。武术是中华民族独特的文化形态，被视为国粹，在 20 世纪初称为"国术"。发展至今，在港、台和海外许多华人中，仍名之曰"国术"。数千年来，我国社会经济、政治、文化不断发展，武术也发生了翻天覆地的变化，武术已经成为我们民族最具有代表性的文化形象之一，以丰富的身体语言来表达人们对事物的理解和认识。武术也代表着中国形象，对中国的文化发展产生了重大影响。武术文化属于中华民族的文化①。人们常说自古诗人皆好酒，其实自古武人也同样好酒。西楚霸王项羽和刘邦的大将樊哙的酒量，尽人皆知。所以，酒作为人类文明的产物，同样深入到民族生活的方方面面，与武术有着紧密的联系。酒与拳的完美结合，更能展现出中华文化的博大精深。武人有酒作伴，似醉非醉，迷惑对方，以达攻其不备，展现出习武之人的豪爽气概与勇谋兼备。借酒还可寄托他们的家国情怀，强调灵感，在入魔般如痴如醉地演练中，把"武"与"酒"天衣无缝地融为一体。醉拳中的拳与酒是相

---

①郭玉成，范铜钢．国家形象构建视域下的武术文化传播策略[J]．上海体育学院学报，2013，(7)．

辅相成、紧密相连的。

二、醉拳与古典文学

中国古典文学对酒与拳的描写更是达到了极致，如施耐庵的作品《水浒传》中曾写的英雄好汉们，正是借助各式各样的饮酒描写，衬托出了武人们的不甘欺压和反抗精神。在《水浒传》第二十九回“施恩重霸孟州道　武松醉打蒋门神”中，武松借酒挑起事端，以醉拳这种形式打败了蒋门神，夺回酒店。虽然没有文字记载说他们学过醉拳，但他们的精彩故事却得以广为传颂。探其缘由，也许在酒态酣畅、半醉半醒状态下更能激发身体潜能，随心所欲、充满激情。醉拳有了酒的衬托，使武术有了生命，有了色彩，有了形象与风趣。《水浒传》高超的醉打描写使酒文化与武术文化水乳交融，形成拳形合一的艺术表现，而成为表现故事、塑造人物、显示武功的巧妙载体。武术与文学的结合，体现了武术的多样性、灵活性和自由性。

三、醉拳与戏曲文化

京剧是我们中华民族的国粹之一，武生又是京剧中不可或缺的角色。所谓武生，就是京剧中最擅长武艺的角色，武生又分为长靠武生、短打武生。另有一类为翻扑武生，从字面上就可以理解为专门以翻跟头或跌扑为主的一种角色。在醉拳中，许多技术动作和武生一样，有着很多跌扑滚翻的高难度动作。京剧中的题材也会借鉴醉拳套路来展现，比如京剧中的《醉打山门》片段，里面的鲁智深饮酒后模仿十八罗汉造型，寄托抱负，其中有许多醉拳套路中的动作。如右脚撑地，全身360°原地旋转，脚不离地；之后又将左腿掰上肩头，缓缓蹲地。这种动作，也都是醉拳中的难度动作，在京剧中表现得栩栩如生。武生的出现，把京剧里的武打动作表现得淋漓尽致，提高了京剧的观赏性，也带动了武术的发展。武术与京剧等相关传统文化的融合，创造了新的文化形态。

第三节　醉拳的价值

一、防身自卫的技击与实用性

醉拳在演练过程中要求形象逼真，如临阵对敌一般。在技击攻防实战中，要求“形醉意不醉，步醉心不醉”；眼观六路，耳听八方；步步攻防兼备，处处柔中寓刚。需要在动与静、刚与柔、起与伏、快与慢、轻与重、险与夷、跌与立的高超攻防技术和高度中实战价值。从技击效果上讲，醉拳的醉态、醉式有其特殊的迷惑敌方之作用，常能收到出奇制胜的效果。如一个端手（原名“顶心拳”），以点拳为主，其中包括点（击打敌方头、面、胸部）、击（击打敌方头、面、胸、裆部）、掐（掐敌方喉结）、闯（击打敌方下颌或裆部）、压（顺敌方来势下压）、带（随敌方动作左右后带）、格（左格用掌根、右格用腕外侧）、缠（顺敌方来式、边缠边进或后退），这八种技击方法，是醉拳中最基本的手法。若对方不知其招，便会被动挨打。如对方离我较近，则采用靠打（肩靠、肘靠、胸靠、胯靠、膝靠、足靠，其意在摇敌之根，御敌之势，使其技不能施展）、填打（填肩、填肘、填掌、填胯、填膝、填足，其贵在因势而发，见撩而进，露虚即实，发着轻取）、粘打（粘是一种柔力，交手时运开四肢，借敌之势而粘之，或进或退，或揉或搓，使敌方进不得进，脱不得脱），若敌方距我较远，则采用脚踢、摆、蹬、弹、踹、撩、点等技法攻击[①]。拳谚讲："手是两扇门，全凭脚打人。"再加上地躺攻击法，令敌难以靠近。所以，醉拳还原了它最初的本色，既能打又能欣赏，还能迷惑对手，使对手措手不及，这就是醉拳最突出的一个特点。

二、惟妙惟肖的观赏与表演性

醉拳不仅在技击、实用性上面表现得惟妙惟肖，在观赏、表演性上也让人惊叹不已。醉拳的盛行，武打影星成龙拍摄的《醉拳》起到了推波助澜的作用。成龙的精彩表演，通过电影传播，使国人对醉拳有了更生动的认知。醉拳中的一切醉形、醉态都是由迎东击西、指东打西、随机而化、乘隙而入的那些闪展腾挪的拳势所形成，在视觉上给人以出其不意的效果，很难猜想到下一招式，

①洪述顺，牛天全．醉拳［M］．西安：陕西人民教育出版社，1990．

使拳种在表现力上更加变幻莫测，令人寻味。《醉拳》播出，票房大卖，随后又拍出系列剧《醉拳 2》《醉拳 3》及《醉拳 4》。醉拳不仅仅在影视上大放光彩，在舞台上也有着出色的表现力。即使在武打小说里，有了酒，有了醉打，同样可以使原本平常的情节生出波澜，使故事情节既扣人心弦，又妙趣横生。

三、修身养性的健身与养心性

随着社会的不断发展，人民生活水平不断提高，武术的功能也逐渐被多元化，不再是仅仅为了防身自卫、为了谋生，而是更多人向健身养心方面靠拢，醉拳也是如此。醉拳套路看起来随心所欲，潇洒大方，但是习练起来要比一般套路难度高。醉拳对柔韧、协调、灵敏等各方面素质都有很高的要求。虽然醉拳的套路较难，不易掌握，但是通过习练醉拳，可以使身心、各部位机能得到很好的锻炼。醉拳套路中的跳跃、翻滚、跌扑、平衡对发展身体各部肌肉的力量、各个关节的灵活、各部位韧带的伸长和巩固起着重要作用。醉拳的步法和身法练习时，东倒西歪，前仰后合，步伐踉跄，时而举杯自酌，时而颠扑醉倒，跌跌冲冲，看似随意，练习起来必须集中精力，严守身正步稳的要求，这就可以锻炼到内在的神情贯注、平衡控制力以及身体各器官的协调配合能力。滑稽、有趣的醉形、醉态使人内心产生一定的欢快感，对人的心理有一定的调节作用，经常练习醉拳，可以使身心放松，心情愉悦。因此，练习醉拳对发展身体各部肌肉的力量、各部位关节的灵活、各部韧带的拉长以及平衡感觉、神经与肌肉活动的协调机能，都有良好的作用；对血液循环器官、呼吸器官等内脏器官也起着积极的锻炼作用[1]。总之，醉拳是中华武术中的优秀拳种，其健力、防力、修力及艺术表演功能在新时代将会焕发新的活力和新的光彩。

①邵善康，蔡龙云．醉拳［M］．北京：人民体育出版社，1984，8．

第二章 醉拳基本动作与方法

武谚云："练拳不练功，到老一场空。"醉拳基本功的训练是学习基本动作的第一步，也是尤为重要的一步。在基本功练习中，首先要获得身体的伸展、灵活、柔韧、力量、速度等基本素质，才能进一步学习和正确掌握基本动作，从而为学好练好醉拳及器械打下良好基础。醉拳的基本动作概括为手型、手法、步型、步法、腿法、平衡、跳跃、跌扑滚翻等部分。

第一节 手型、手法练习

手型手法练习是运用拳、掌、勾三种手形，结合上肢冲、架、推、亮等运动方法，练习上肢手法的基本规律。

一、手型

（一）拳

五指卷屈并拢紧握，要求拳面平，拇指压于食指、中指的第二指节上。这种拳型称为四平拳、平拳或卷心拳。拳的部位包括：拳眼、拳心、拳面、拳背、拳轮（图 2-1）。

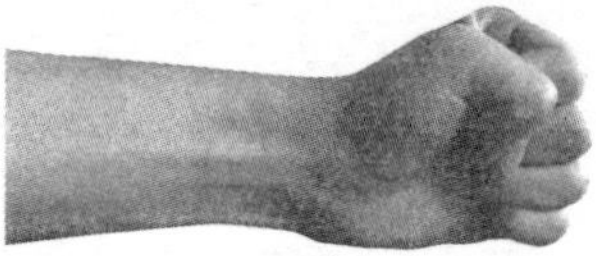

图 2-1

（二）掌

拇指弯曲扣于虎口处，其余四指并拢伸直。这种掌型亦称为柳叶掌。掌的部位包括：掌心、掌背、掌指、掌根、掌外沿（图 2-2）。

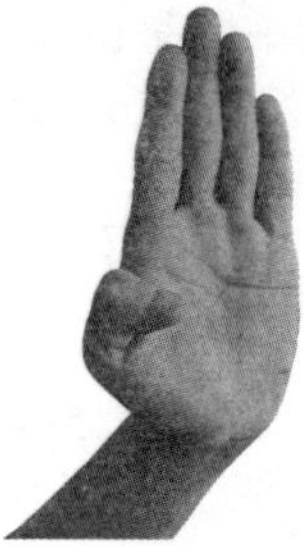

图 2-2

（三）勾

亦称勾手。分以下几种勾形。①五指勾：屈腕，五指相撮。②三指勾：屈腕，拇指、食指、中指相撮，无名指、小指卷屈于手心。③二指勾：屈腕，拇指、食指相撮，中指、无名指、小指卷屈于手心。勾的部位包括勾尖、勾顶（图 2–3）。

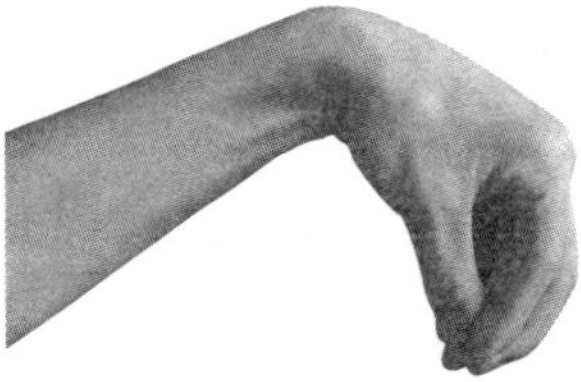

图 2–3

（四）剑指

剑术中不持剑手的手型，又称剑诀、剑指。食指、中指并拢伸直，其余三指向手心弯曲，拇指压在无名指第一指骨上（图 2–4）。

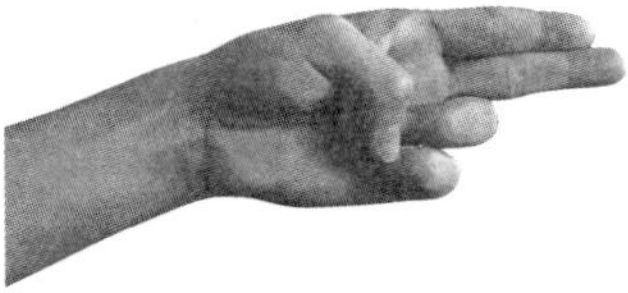

图 2–4

（五）握杯拳

原名顶心拳。拇指与食指屈曲成环形，其余三指屈握紧扣于掌心（图 2–5）。

图 2–5

二、手法

手法是手的各部位攻防技法的总称。因手型不同，又分为拳、掌、勾、指、爪等法。拳种不同，技术风格亦不相同，但均以打为主，以快利为要。手法的运用和练习，皆要求内、外合一。醉拳的主要手法有点、击、掐、闯、压、格、带、缠等。

（一）点

用时拇指和食指相抵，虎口成扁平状，力点达于食指的第二指节，放和收的速度都很快，击打对方的头、面和胸部。

（二）击

力点与“点”相同，但劲力放长，以击打对方头、面胸、裆等部位。

（三）掐

拇指和食指相扣，以掐对方的喉结。

（四）闯

力点达于食指上部，击打对方的下颌或裆部。

（五）压

力点达于拳轮，顺压对方。

（六）格

左格力点达于掌根，右格力点达于手腕的外侧。

（七）带

力点达于掌根和掌缘，随对方动作而左、右、后带。

（八）缠

顺对方的动作来势，边缠边绕前进或后退。

第二节 步型、步法与腿法练习

步型和步法练习主要是增进腿部的力量和速度，以提高两腿移动转换的灵活性和稳固性。

一、步型

步型指式样与类型。腿和脚相互配合，通过髋、膝、踝等关节的不同展屈，使下肢在静止时呈现出各种造型。各类拳种均有自己的步型，一般至少都包括弓步、马步、虚步、仆步、歇步五种主要步型。

（一）弓步

两脚前后开立，前脚脚尖微内扣，全脚着地，屈膝半蹲，大腿成水平，膝部约与脚尖垂直；另一腿挺膝伸直，脚尖内扣斜向前，全脚着地。上体正对前方，目向前平视。弓右腿为右弓步，弓左腿为左弓步。武谚云：“前腿弓，后退绷，挺胸沉髋莫晃动。”（图 2–6）

图 2–6

重点与要点：前腿弓，后退绷；挺胸、立腰、沉髋；前脚同后脚成一条直线。

（二）马步

两脚平行开立，相距约为脚长的 3 倍，全脚着地，脚尖正朝前，屈膝半蹲，膝部不超过脚尖，大腿成水平，身体重心落于两腿之间。武谚云：“左右并立三足宽，双腿水平如坐鞍。挺胸塌腰向前看，稳如泰山人难撼。”（图 2–7）

重点与要点：挺胸、立腰、脚跟外蹬。

（三）虚步

两脚前后开立，全脚着地，后脚尖斜向前，屈膝半蹲，大腿接近水平，前腿微屈，脚面绷平，脚尖稍内扣虚点地面，重心落于后腿上。左脚在前为左虚步，右脚在前为右虚步。武谚云："虚步前后分虚实，前进后退任自便。"（图 2-8）

图 2-7

图 2-8

重点与要点：挺胸、塌腰、虚实分明。

（四）仆步

两脚左右开立，一腿全蹲，大腿和小腿靠紧，臀部接近小腿，全脚着地，膝与脚尖稍外展；另一腿挺直平仆，脚尖内扣，全脚着

地。仆左腿为左仆步，仆右腿为右仆步。武谚云："单叉下仆伏地虎，窜起下伏任自如。"（图 2-9）

重点与要点：挺胸、塌腰、沉髋。

（五）歇步

两腿交叉靠拢全蹲，前脚全脚着地，脚尖外展；后脚脚跟离地，膝部贴近前腿外侧，臀部外侧紧贴后小腿。左脚在前为左歇步，右脚在前为右歇步。武谚云："两腿交叉坐下来，挺胸塌腰歇一会。"（图 2-10）

图 2-9

图 2-10

重点与要点：挺胸、塌腰、两腿靠拢并贴紧。

（六）丁步

两腿并拢半蹲，一脚全脚着地，脚尖朝前；另一脚与支撑脚内侧相靠，脚跟翘起，脚面绷平，脚尖里扣并虚点地面。左脚尖点地为左丁步，右脚尖点地为右丁步（图 2-11）。

重点与要点：挺胸、塌腰、虚实分明。

（七）并步

两腿伸直并拢，全脚着地，脚尖朝前（图 2-12）。

图 2-11

图 2-12

重点与要点：挺胸、立腰、双腿紧并。

（八）叉步

两腿前后交叉，前腿屈膝半蹲，大腿成水平，全脚着地，脚尖外展，重心在于前腿。左腿后插为左叉步，右腿后叉为右叉步(图 2-13)。

重点与要点：前腿与地面成水平，前腿膝盖不能超过脚尖。

（九）半马步

两脚左右开立，距离同马步，前腿稍屈，脚尖微内扣；后腿半蹲，大腿略高于水平，脚尖向外，体重略偏于后腿(图 2-14)。

图 2-13

图 2-14

重点与要点：挺胸、立腰。

（十）横档步

两脚左右开立，约同弓步宽，全脚着地，两脚尖正朝前，一腿屈膝半蹲，大腿水平；另一腿挺膝伸直。左腿屈膝半蹲为左横档步，右腿屈膝半蹲为右横档步（图 2-15）。

重点与要点：挺胸、立腰、沉髋。

图 2-15

二、步法

步法是脚步移动、变换方法的总称。步法是身、手、腿各种攻守技法得以实施的基础。拳谚亦云："步不稳则拳乱，步不快则拳慢。"另外，步与身、手要求上下完整一致，稳健灵活，进退得宜。再如拳诀云："拳到步不到，打人不为妙"，"手到步也到，打人如拔草"，"手打三，步打七；手脚齐，莫迟疑"。由此可见步法的重要性。行家评艺也要"先看一步走，再看一伸手"。各拳家所用之步法均不尽相同，醉拳一般有提、落、进、撤、碎、击、插、盖、醉等步。

（一）提步

一腿伸直站稳，一腿屈膝提起于身前，小腿斜垂里扣，脚面绷平并内收，或一腿微屈站稳，另一腿体前屈膝提起近胸，小腿垂直，脚尖勾起。

（二）落步

一腿伸直站稳，另一腿由提步下落，以脚尖虚点地面，身体重心落在后脚。

（三）进步

一脚向前进步，重心随之向前移动。

（四）撤步

一脚向后退，重心随之向后移动。

（五）碎步

两脚连续向前进步，但步幅要小，速度要快。

（六）击步

两足前后分开站立，后脚弓击碰前脚跟，使两脚腾空，后、前脚依次落地。

（七）插步

亦称倒插步或偷步。一腿经支撑脚后面横迈一步落地，两腿成交叉。

（八）盖步

一脚前盖于另一脚之前，两腿成交叉。

（九）醉步

一种与醉形醉态相结合的步法。东倒西歪，忽左忽右，使对方捉摸不定，弄不清欲攻击的真实部位。

（十）梅花步

步法的特点形似梅花。

（十一）随形步

随着上身摆动和身体重心的移动，而使步法和身形摆动达到协调一致。在狂醉中可用此步法，要求外形奔放，内意严正。

（十二）坡脚步

即连续盖步，身体重心始终在盖步的前脚上。

三、腿法

腿法是以腿攻击对手或阻截对方进攻的技法。腿比臂长，有长攻、远击之能；脚比手力大，有重创对方之效。主要方法有踢、弹、点、踹、铲、扫及飞脚、摆莲、跌叉等，分为上、中、下三盘。腿法要求腿部有良好的柔韧性、灵活性和控制能力。

（一）直摆性腿法

直摆性腿法是醉拳腿法中的一类。一腿支撑，另一腿以髋关节为轴转动踢摆。包括正踢腿、侧踢腿、斜踢腿、里合腿、外摆腿等。

1.前踢腿

动作路线：支撑腿直立踩实站稳；另一腿挺膝勾脚向前上踢起至前额或鼻尖，力达足尖（图 2–16）。亦称正踢腿。

图 2–16

重点与要点：挺胸、立腰、收腹、直腿，勾脚尖，踢腿时快速有力。

2. 侧踢腿

动作路线：两脚并立。右脚向前上半步，脚尖外展，身体右转，左脚脚尖勾起向左耳侧踢起，同时右手臂屈肘上举亮掌，左手臂屈肘立掌于右胸前或垂于裆部。左腿落地并步再向前上半步，身体左转向右耳侧踢右腿，左右腿依次交换进行（图 2–17、图 2–18）。

图 2–17

图 2–18

重点与要点：挺胸、立腰、开髋、侧身，踢腿迅速，收腹。踢腿过腰后加速向上踢，要有爆发力。

3. 斜踢腿

动作路线：支撑腿伸直，全脚着地；另一腿膝部挺直，脚尖勾起，踢向异侧耳部。动作轻快有力，上身保持正直（图 2–19）。又称“十字腿”。

图 2–19

重点与要点：挺胸、直腰、收腹。向上踢腿时过腰要加速，身体不可前俯，头保持正直。

4. 里合腿

图 2-20

动作路线：支撑腿自然伸直，全脚着地；另一腿从体侧踢起经面前向里作扇面摆动落下。动作轻快有力，上身保持正直（图 2-20）。

重点与要点：挺胸、立腰，踢腿时动作迅速有力。

5. 外摆腿

动作路线：动作同里合腿，唯摆动方向相反。支撑腿伸直全脚着地；另一腿从体侧踢起经面前向外作扇面摆动落下。动作轻快有力，上身保持正直（图 2-21、图 2-22）。又称“摆莲腿”。

图 2-21

图 2-22

重点与要点：挺胸、立腰，踢腿时动作迅速有力。

（二）屈伸性腿法

屈伸性腿法是醉拳腿法中的一类。是一腿支撑，另一腿由屈到伸的攻击性脚法。包括弹腿、蹬腿、侧踹等。

1. 弹腿

动作路线：支撑腿直立或稍屈；另一腿由屈到伸向前弹出，高不过腰，膝部挺直，脚面绷平，小腿弹击脆快有力，力达脚尖（图2-23、图2-24）。

图 2-23

图 2-24

重点与要点：挺胸、直腰、脚面绷紧、收髋、弹击要有寸劲，力达脚尖。

2. 蹬腿

动作路线：脚尖向上翘起，脚跟用力向前由屈到伸猛力蹬出。蹬出后膝部挺直，脚高过腰、低于胸；支撑腿微屈，站稳（图 2-25）。

重点与要点：挺胸、直腰、脚面勾紧、收髋、力达脚跟、蹬腿要有爆发力。

3. 侧踹

动作路线：支撑腿伸直站稳；另一腿脚尖勾起，脚外侧朝上，脚掌用力向体侧踹出。踹出后膝部伸直，脚与胯同高，上体倾斜（图 2-26）。

重点与要点：挺膝、展髋，力点脚跟，踹击要有力。

图 2-25

图 2-26

（三）扫转性腿法

扫转性腿法是醉拳腿法的一类。一腿屈蹲，以脚掌为轴；另一腿伸直，贴地绕圆扫转。包括前扫腿、后扫腿等。

1. 前扫腿

动作路线：上身正直。支撑腿（一般为左腿）屈膝全蹲做轴；扫转腿（右腿）伸直，脚尖内扣，脚掌擦地，逆时针迅速扫转一周以上（图 2-27—图 2-29）。

重点与要点：以腰带腿贴地扫转一周以上，头要保持正直。

图 2-27

图 2-28

图 2-29

2. 后扫腿

动作路线：上身前俯，两手推地。支撑腿（一半为左腿）全蹲做轴；另一腿（右腿）伸直，脚尖内扣，脚掌擦地，顺时针迅速后扫一周（图 2-30—图 2-32）。

图 2-30

图 2-31

图 2-32

重点与要点：以腰带腿贴地扫转一周以上，头要保持正直。两手撑地尽量靠近裆部，不可离太远。

（四）击响性腿法

击响性腿法是醉拳腿法中的一类。是踢腿时辅之以用手掌拍击脚面的腿法。包括单拍脚、里合拍脚、摆莲拍脚等。

1. 单拍脚

动作路线：支撑腿伸直，全脚着地；另一腿脚面绷平向上踢摆，同侧手在额前迎拍脚面。击拍准确响亮（图 2–33）。

重点与要点：摆腿有力，击拍要响亮。

2. 里合拍脚

动作路线：支撑腿伸直，脚跟翘起，脚掌着地；另一腿做里合腿动作，脚掌内扣，异侧手在额前击拍脚掌，击拍准确响亮（图2–34）。

图 2–33

图 2–34

重点与要点：挺胸、直腰、松髋，里合幅度要大，击拍要响亮。

3. 摆莲拍脚

动作路线：支撑腿伸直，全脚着地；另一腿做外摆腿动作，两手在额前依次迎拍脚面外侧，击拍要准确响亮（图 2-35）。

图 2-35

重点与要点：挺胸、立腰、展髋、外摆速度要快，幅度要大，击响要响亮。

第三节　身法与眼法练习

一、身法

身法是醉拳运动中身躯变化运用的方法。由胸、背、腰、腹、臀各种肌群协同体现。以活为要，以阴阳变化为妙，体随势变，根据不同的动作采取不同的方式方法。腰是贯通上下肢体的枢纽，也是运用身法的关键，必须与手法、步法有机地融合在一起，使之随势而动，随形而变，以表现出独特的醉形、醉态的风格。

二、眼法

演练过程中是否有精气神，眼法尤为重要。在套路中，要求手到眼到，手眼相随；在攻防搏击中，则要集中注意对手动作的变化，目光在自身左侧，称左顾，在右侧则为右盼。醉拳中主要眼法包括：视、瞧、瞄（藐）、瞟、痴、乜等。

第四节　平衡练习

平衡练习泛指一腿支撑、另一条腿抬离地面的单脚独立动作。分持久性平衡与非持久性平衡。持久性平衡，指要求平衡动作保持2秒以上的静止状态；非持久性平衡，指平衡动作完成后须有短暂的静止状态。

一、燕式平衡

动作路线：支撑腿直立站稳，上体前俯略高于水平，挺胸展腹；后举腿伸直，高于水平，脚面绷平，双臂分别向两侧平展（图2–36）。

重点与难点：支撑腿蹬直，后举腿高于水平部位，挺胸、抬头。

图 2-36

二、仰身平衡

动作路线：支撑腿伸直或稍屈站稳，上体后仰接近水平；另一腿伸直向体前上方举出，脚面绷平，挺胸抬头，双臂分别向两侧平展（图 2-37）。

图 2-37

重点与难点：上体后仰接近水平，抬头挺胸，双臂平展保持平衡。

三、提膝平衡

动作路线：支撑腿伸直站稳；另一腿屈膝提起（过腰），脚面绷直，并垂扣于支撑腿前侧（图 2–38）。

重点与难点：平衡站稳，提膝过腰，脚内扣。

图 2–38

四、盘腿平衡

动作路线：支撑腿屈膝半蹲；另一腿屈膝外展，小腿收提，脚面绷平或脚尖勾起，踝关节盘放在支撑腿的大腿上，挺胸塌腰（图 2–39）。

重点与难点：挺胸塌腰，支撑腿平衡站稳。

图 2–39

五、扣腿平衡

动作路线：支撑腿屈膝半蹲；另一腿屈膝外展，脚尖绷平或勾起，踝关节紧扣于支撑腿的膝后腘窝处，挺胸塌腰（图 2-40）。

重点与难点：挺胸塌腰，支撑腿平衡站稳。

图 2-40

第五节 跳跃练习

跳跃是指一腿或两腿蹬地向上跳起，使身体腾空，在空中完成各种手法、腿法等动作。

一、腾空飞脚

动作路线：双臂摆动，右腿向前一步蹬地起跳，左腿屈膝提至胸前，继而起跳腿尽量向前上弹踢，脚面绷平，至高点时以右手掌拍击右脚的脚面（图 2-41—图 2-44）。

图 2-41

图 2-42

图 2-43

图 2-44

重点与难点：右腿在空中踢摆时，脚必须高于腰部。

二、腾空摆莲

动作路线： 右脚上步，脚尖稍外展，身体微右倾；左腿里合摆动。右脚遂蹬地腾起，在空中做外摆腿动作，脚面绷平，上身随之向右拧转。同时，两手在头上击响（右手背击响左手掌）后，再迅速分别向右向左弧形回摆，依次拍击外摆腿之脚面。自然落地，亦或单起单落（图 2-45—图 2-48）。

图 2-45

图 2-46

图 2-47

图 2-48

重点与难点：上步要成弧形，在完成动作中要注意起跳、拧腰、转体。

三、旋风脚

动作路线：两腿开立，两臂向左上方用力抡摆。左腿伸直或屈提，向左上摆动；右腿遂蹬地腾起伸直，上身借势向左上方翻转，脚掌内扣贴面里合。身体在空中转动约270°时，左手于头左上方拍击右脚掌。拍击后，身体继续旋转至360°，两脚依次落地（图 2-49—图2-52）。

图 2-49

图 2-50

图 2-51

重点与难点：抡臂、踏跳、转体、里合右腿等环节要协调一致。身体的旋转至少不少于 270°。

图 2-52

四、旋子

动作路线：两腿开立，上体右转前俯并猛向左后摆头甩腰，两臂遂自右向左后弧形平抡。继而，左脚蹬地腾起，右、左脚先后上摆挑。同时抬头挺胸，身体在空中成反弓形平转 360°，两腿依次落地（图 2-53—图 2-56）。

图 2-53

图 2-54

图 2-55

图 2-56

重点与难点：蹬地、转头、甩腰、摆臂以及摆腿几个环节要协调配合，身体在空中俯身要平。

第六节 跌扑滚翻练习

跌扑滚翻是指身体摔滚、旋转、翻腾的动作。在对抗中，当身体失去平衡时，可以利用这种方法来自我保护或进行攻击。通过习练跌扑滚翻还能提高人体前庭器官的稳定性。

一、侧空翻

动作路线：两脚并步站立，双臂置于体侧，目视前方。左脚向左上步蹬地跳起，同时上体向左倾倒，使身体在空中向左侧翻转，然后右脚、左脚相继落地（图 2–57—图 2–59）。

图 2–57

图 2-58

图 2-59

重点与难点：两腿伸直，翻转要快，落地要轻。

二、前滚翻

动作路线：两脚并步站立，双臂置于体侧，目视前方。双腿屈膝下蹲，双手扶地，身体前倾。两脚蹬地，身体蜷屈呈圆形，低头，以头后、肩、背、臀依次向前滚翻。然后，两脚迅速起立（图 2-60—图 2-62）。

图 2-60

重点与难点：滚翻时，身体团紧，含胸收腹。

图 2-61

图 2-62

三、抢背

动作路线：同前滚翻，唯右脚蹬地向前腾起，而后，以肩、背、臀依次向前滚翻（图 2-63—图 2-65）。

重点与难点：滚翻时，身体团紧，含胸收腹。

图 2-63

图 2-64

图 2-65

四、栽碑

动作路线：两脚并步站立，两臂垂于体侧，目视前方。两手握拳，屈臂于胸前，拳与口同高，两脚跟踢起，身体僵直向前倒下。着地时，以两前臂和两拳的拳轮同时撑地，两肘约屈成 90°（图2-66—图 2-69）。

图 2-66

图 2-67

图 2-68

图 2-69

重点与难点：身体前倾保持紧张，不能松懈。

五、鲤鱼打挺

动作路线：身体仰卧。双腿伸直向上举起，两手扶于两大腿上。挺胸、挺腹、头顶地，同时两手上推助力，两腿向斜上方快速摆动，使身体腾空跃起。然后，两脚同时落地直立（图 2-70—图 2-72）。

图 2-70

图 2-71

图 2-72

重点与难点：两腿摆动与挺腹保持一致。

六、扑地蹦

动作路线：身体挺直俯卧，两脚前掌着地，双臂屈，手撑地，肘夹紧，以两臂之推力，双脚掌之蹬地及腰背肌之提力，使整个身体在地面上蹦弹，平起平落，轻快连续，通常以头为圆心蹦转一周（图 2-73）。

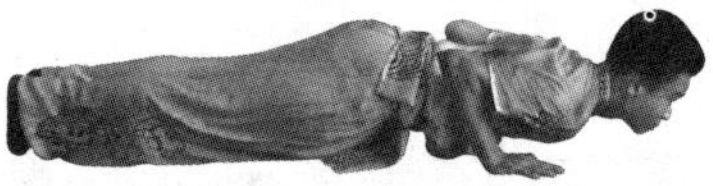

图 2-73

重点与难点：蹦转要轻快，转倒要迅速，臀部不得凸起，胸部和腿部均不着地。

七、仰摔

动作路线：两脚并步站立，双臂置于体侧，目视前方。左腿支撑，右腿屈膝提起；上体含胸收紧，两手抱于胸前；左腿屈膝，右脚前伸，上体后倒，下颌收紧，以肩背部着地，同时两臂向两侧伸开击地（图 2-74—图 2-77）。

图 2-74

图 2-75

图 2-76

图 2-77

重点与难点：下颌收紧，挺髋，展腹。

八、侧摔

动作路线：身体直立，并步站立。右脚向左侧摆腿，左腿屈膝，脚跟稍提起，身体向右侧倾并向右转。右手向右上方伸臂；身体向右侧摔倒，左腿屈蹲。同时，以右前臂和左手撑地，使臀部悬空，目视右侧（图 2-78—图 2-80）。

图 2-78

图 2-79

图 2-80

重点与难点：侧摔时，身体保持适度紧张，注意以右前臂内侧和左掌同时着地。

九、盘腿跌

动作路线： 两脚并步站立，双臂置于体侧，目视前方。右脚向左前上步蹬地跳起，左脚蹬地向右侧上摆，上体向右侧倾斜。同时，两臂向上、向右摆起，使身体在空中成侧卧姿势（图 2-81—图2-83）。

图 2-81

图 2-82

图 2-83

重点与难点： 从空中跌落时，必须使右臂右侧、上体右侧、右腿外侧和左掌心同时着地，以增加身体与地面的接触面积，防止损伤。

十、乌龙绞柱

动作路线：左腿屈膝贴地，右腿伸直，两手于左侧扶地。身体稍后仰，右手离地；同时右腿伸直从右向左用力平扫。右腿继续平扫，随之上体向后翻仰，左腿也相继向左上方扫举，使两腿在空中相绞。双手扶地上推，头配合上顶，使身体成倒立状。上动不停，随即收腹、收髋，右脚、左脚相继落地成站立姿势（图 2-84—图 2-87）。

重点与难点：立腰、顶肩、顶头、推臂要协调配合。

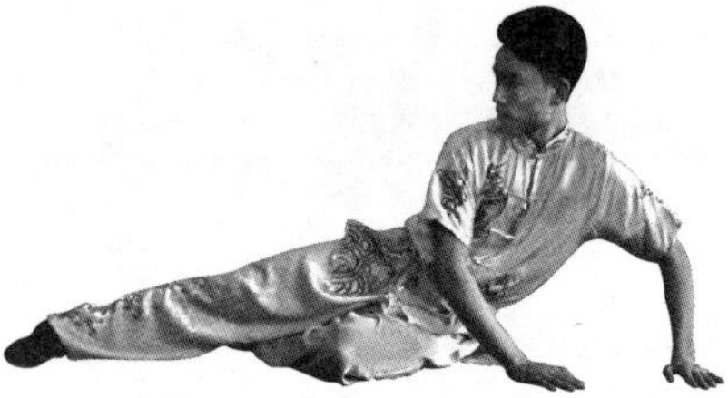

图 2-84

图 2-85

图 2-86

图 2-87

第三章 醉拳套路

第一节 醉拳动作名称

第一段

起势

（一）敬酒式

（二）提膝端酒

（三）翻身仆步敬酒

（四）仰身饮酒

（五）上下翻花

（六）马步顶肘

（七）盖步击打

（八）丁步斟酒

（九）仰身饮酒

（十）侧身空翻

（十一）马步饮酒

第二段

（十二）踉跄迈步

（十三）插步前靠

（十四）上下冲拳

（十五）插步架打

（十六）腾空旋子

（十七）里合击响腿

（十八）外摆击响腿

（十九）顺势扫堂腿

（二十）端酒侧倒

（二十一）鲤鱼打挺

第三段

(二十二) 醉仙敬酒
(二十三) 白猿蹬枝
(二十四) 端酒式 (蓄势端酒)
(二十五) 上步劈掌
(二十六) 亮掌架打
(二十七) 盘腿跌
(二十八) 卧身剪腿
(二十九) 乌龙绞柱
(三　十) 反身抢背
(三十一) 歇步肘靠

第四段

(三十二) 里合击响
(三十三) 曲肘倾倒
(三十四) 扑地肩行
(三十五) 扑地蹦
(三十六) 原地翻身
(三十七) 鲤鱼打挺
(三十八) 踉跄迈步仰身饮酒
(三十九) 空翻前跌
(四　十) 乌龙绞柱
(四十一) 摔杯醒酒式
收势

第二节　醉拳套路动作图解与教学

第一段

起势

1. 动作轨迹

面朝正南，身体直立，双脚靠拢，两臂垂于身体两侧，两手五指并拢贴在腿侧，成立正姿势站好（图 3-1）。

2. 动作要点

头要端正，目视前方，下颌微收，挺胸，松肩，直背，两臂自然下垂，精神饱满，神情安舒。

图 3-1

（一）敬酒式

1. 动作轨迹

接上势，两臂抬起，与肩同高，两手做腕，立掌，掌心朝外，四指并拢，拇指内扣（图 3-2）。身体微右转，腰带动双臂划弧，左手臂划至身体前侧，左手掌心朝外，右手臂划至身体后侧，右手掌心朝后（图 3-3）。右前臂曲肘，右手手形成酒杯式，经胸前直线推出，左手臂屈肘直线后拉，左手掌贴于右手臂内侧（图 3-4）。同时左手臂向前推拉，右手臂后收于胸前继续向前推出，左手臂收至右手臂腋下（图 3-5）。

图 3-2

2. 动作要点

两臂伸直，立掌有力。动作行进过程中身体保持紧张，不能松懈。

图 3-3

图 3-4

图 3-5

3. 易犯错误及纠正方法

易犯错误：两臂忽高忽低，手指弯曲。

纠正方法：挺胸、松肩，两臂用力外撑。

（二）提膝端酒

1. 动作轨迹

接上势，右腿侧开一步，趾尖朝前，双手成酒杯式，两臂经过腹前、额前逆时针向上划圈与右肩齐平，左手放至右腋前方，右手臂与肩同高，眼睛看着右手延长线（图 3-6）。重心移至右腿，左腿提膝绷脚于腰间，两手臂向左肩前推出，身体微左转，右手至右腋斜前方，左手与肩同高，目视左前方（图 3-7）。

图 3-6

图 3-7

2. 动作要点

双臂在走弧线时，两臂要抡圆，提膝收紧尽量过腰。

3. 易犯错误及纠正方法

易犯错误： 动作行进过程中，手与脚不同步，抡臂时出现夹肘现象。

纠正方法： 练习过程中双臂要抡圆，手脚要同时进行。

（三）翻身仆步敬酒

1. 动作轨迹

接上势，左脚落步，双手交叉，轮臂打开，左手臂在上，右手臂在下，右脚上步交叉于左脚外侧，右脚跟着地扣脚，顺势转腰，腰带动双手臂打开轮臂，手臂一上一下成一条直线，身体转至正南方，两手臂弯曲至胸前，左手臂在上，右手臂在下，双脚并拢（图3-8—图3-11）。双腿微上跳，成右仆步，左手同时至左腰间，右手向前送出，双手手势均为酒杯式（图3-12）。

图 3-8

图 3-9

图 3-10

图 3-11

图 3-12

2. 动作要点

翻身轮臂时，双臂要成一条直线，动作要迅速，快慢相间。

3. 易犯错误及纠正方法

易犯错误：手脚不同步，轮臂不在一条直线上，右仆步时脚尖外摆。

纠正方法：在翻腰时，手臂成一条直线，定势时，右脚尖朝前，稍内扣。

（四）仰身饮酒

1. 动作轨迹

接上势，身体起身成马步状，腰带动右手在腹前划两个小圈，左手自然放在腹前侧。随之双手打开，身体后仰，重心移至左腿，右腿蹬直，右手屈肘至嘴角上方，模仿饮酒动作，头部后仰，目视右手，左手自然放松于身体一侧（图 3–13）。

图 3–13

2. 动作要点

身体打开后仰，摆幅动作要大，但腰要收紧，不能松懈，给人以豪爽之感。

3. 易犯错误及纠正方法

易犯错误：身体直立，动作僵硬。

纠正方法：身体打开后仰，模仿醉拳的喝酒状态。

（五）上下翻花

1. 动作轨迹

接上势，右手向后向外打开划弧于左肩前，左手同时划至左肩前（两手同时进行），左手在外，右手在内，两虎口朝胸前方向（图 3-14）。随后左手向胸前拉，右手向胸外推，两手相交过程中左手在右手下方，动作不停，左手继续向胸外推，右手向胸前拉，两手相交过程中左手在上、右手在下，最后定势左手在外、右手在左手内侧，目视左前方（图 3-15）。

图 3-14

图 3-15

2. 动作要点

两手在上下冲拳时，刚劲有力，动作准确，衔接紧凑。

3. 易犯错误及纠正方法

易犯错误：两手冲拳时容易混淆先后顺序，忘记手部动作。

纠正方法：可单独进行练习上下冲拳，重复练习。

（六）马步顶肘

1. 动作轨迹

接上势，右手臂经过胸前、面前向上抬起，在额上方右手内旋转腕，头部微后仰，左手微下落。随之，右肘下沉落于胸前，身体微左转，右膝成跪步状态，左手置于右肘旁，目视前方（图 3–16）。腰部转正，右肘向右顶出，左手变掌，拇指肚贴于右手，腿由跪步转换成马步，向右转头，目视右方（图 3–17）。

图 3–16

图 3–17

2. 动作要点

用腰带动手臂，跪步不要贴地，顶肘动作要有力，手是敬酒式手形。

3. 易犯错误及纠正方法

易犯错误：右膝落地，不转腰。

纠正方法：右膝离地面距离 5~10 厘米，不触地。

（七）盖步击打

1. 动作轨迹

接上势，身体起身后仰，右手端杯饮酒，右手经面前斜方向打开，左手自然垂落于身体左侧，重心至右腿，右腿微弯曲，左腿蹬直，脚尖点地，目视右手（图 3-18）。接上动，右手经外侧划弧于左腋前，左手上提与肩同高，同时，左腿向斜前盖步于右腿上，目视左前方（图 3-19）。右腿向斜前方盖步于左腿下，两手同时向右侧推出，右手在外，左手在右腋下，目视右前方（图 3-20）。

图 3-18

图 3-19

图 3-20

2. 动作要点

第一个盖步动作比较缓慢，结束第一个盖步顺势盖右步，动作节奏要明晰。

3. 易犯错误及纠正方法

易犯错误：节奏不清晰，没有摆头动作。

纠正方法： 一练一动，手脚头配合清楚。

（八）丁步斟酒

1. 动作轨迹

接上势，两手相交于胸前，左手在上，右手在下，两手弧线打开（图 3-21）。右手向身体侧方划弧至头上方，手形成酒壶指，左手向胸前、向外打开至身体左侧，与肩同高，转头目视左前方，同时收右脚成丁字步（图 3-22）。

图 3-21

图 3-22

2. 动作要点

动作过程中注意手形的变化。手到的同时脚一定要跟上。

3. 易犯错误及纠正方法

易犯错误： 动作衔接不连贯。

纠正方法： 提高动作的连贯性。

（九）仰身饮酒

1. 动作轨迹

图 3-23

接上势，右脚向后撤一步，重心微屈蹲，身体后仰，左腿蹬直，脚尖点地。左手臂屈肘，左酒杯手上提，上身后仰，目视左手，做饮酒样，右手酒壶指变成酒杯手从额前、胸前划弧自然摆动于身体右后侧（图 3-23）。

2. 动作要点

身体最大幅度后倾，重心于后腿，收紧腰腹。

3. 易犯错误及纠正方法

易犯错误：身体成一条直线，动作僵硬。

纠正方法：核心力量为腰腹部，腰腹部要有很强的控制力，做最大幅度地后倾。

（十）侧身空翻

1. 动作轨迹

接上势，身体直立，右脚向前上步，随后左脚向前上步蹬地，右腿从后向上踢摆起，身体前屈，在空中做左侧翻动作（图 3-24）。侧空翻方向为正东方向，右脚先落地，左脚随即落地。

2. 动作要点

侧空翻翻转时，蹬地摆腿的速度要快，两腿要直。

3. 易犯错误及纠正方法

易犯错误：在空中倒立时，两腿没有充分打开，没有挺胸、立腰、开髋。

纠正方法：在空中倒立时，两腿要分开，不可距离太近。落地时，要依次落地。在完成动作过程中，要挺腰、立腰、开髋。

图 3-24

(十一) 马步饮酒

1. 动作轨迹

接上势，做完侧空翻后身体顺势转至正西方，两腿成马步，两手成酒杯手至胸前（图 3-25）。身体后仰，顶髋，重心前倾，头部后仰，下颌微收，两手合抱成酒坛状，抬头饮酒（图 3-26）。

图 3-25

图 3-26

2. 动作要点

腰部绷紧，重心前移，两腿不能跪地，身后仰至最大幅度。

3. 易犯错误及纠正方法

易犯错误：只头部后仰，身体不动。

纠正方法：身体最大幅度后仰，下颌微收，模仿喝酒状态。

第二段

（十二）跄踉迈步

1. 动作轨迹

①接上势，身体起身，重心移至右腿，两手自然打开（图 3–27）。接上动，左脚向前上一步（正西方向），右手随身体向前摆动，左手至身体左后侧（图 3–28），右脚上步交叉于左脚外侧（正南方向），左手随身体向前摆动，右手至身体右后侧（图 3–29）。接上动，左脚继续上步（正东方向），身体转至正东，两臂交叉在额上方划弧，右手在上，左手在下，右手逆时针向外划弧，左手顺时针向外划弧，右脚继续向正西方上步，两手划弧后至身体腹前（图 3–30）。接上动，身体起身，重心偏至右腿，身

图 3–27

体向右倾斜，两手顺势打开，右手划至身体右侧，略与肩高，左手自然摆动于身体左侧(图 3-31、图 3-32)。

图 3-28

图 3-29

图 3-30

图 3-31

图 3-32

②接上动，左脚向前上一步（正西方向），右手随身体向前摆动，左手至身体左后侧（图 3-33），右脚上步交叉于左脚前方，左手随身体向前摆动，右手至身体右后侧（图 3-34）。

图 3-33

图 3-34

2. 动作要点

跟跄步是醉拳中典型的一个步伐，在练习过程中，要明确动作路线，身体不能僵硬直立。要模仿醉汉喝醉走路模样，身体柔软脚下无支持点，但要把控重心。

3. 易犯错误及纠正方法

易犯错误：走路沉重不轻盈。

纠正方法：走路模仿醉拳状态，有张有弛，轻盈又不失沉稳。

（十三）插步前靠

1. 动作轨迹

接上动，左脚顺势向后撤一步，右脚微向右前方活步，两臂在胸前交叉划弧，右手在上，左手在下，两手划弧后打开于身体两侧。同时右臂在胸前方逆时针划一个小圆，左手臂随身体拧转自然摆动。重心移至右腿，右肩斜前靠（图 3-35）。

2. 动作要点

动作轻盈，节奏分明，右肩前靠，重心斜前倾。

3. 易犯错误及纠正方法

易犯错误：动作含糊，一带而过，重心错误。

纠正方法：每招每式都要做到位，重在以肩带动手臂。

图 3–35

（十四）上下冲拳

1. 动作轨迹

接上动，左脚继续向左前方上步，右手摆至胸前，左手随身体摆动自然摆动于身体左侧（图 3–36）。右脚向左脚上方起跳，左脚腾空落于左侧一步，两脚同时落地，成马步状，两手摆动于右肩前，左臂至右臂腋前方，右手打开与肩同高（图 3–37、图 3–37 附图），随即右手上下冲拳（图 3–38、图 3–38 附图）。

图 3–36

2. 动作要点

两手上下冲拳时刚劲有力。

3. 易犯错误及纠正方法

易犯错误：节奏不明显，动作缓慢。

纠正方法：上下冲拳要动作清晰、准确，刚劲有力。

图 3-37

图 3-37 附图

图 3-38

图 3-38 附图

（十五）插步架打

1. 动作轨迹

接上动，左脚向外微摆脚，身体左转（正东方向），同时右脚起跳，落于正东方向，左脚顺势腾空，向右腿斜后45°插步，双臂交叉在额前上方划弧，划弧后两手收于胸前。右臂向右方击打，左手架掌于额上方，转头目视右前方（图 3-39、图 3-40）。

图 3-39

图 3-40

2. 动作要点

动作清晰，眼睛有神。

3. 易犯错误及纠正方法

易犯错误：架掌无力，插步幅度看不清楚。

纠正方法：架掌手腕有力，插步幅度要明显，眼睛有神，动作到位。

（十六）腾空旋子

1. 动作轨迹

接上动，上体右转前俯并向左后摆头甩腰，两臂遂自右向左后弧形平抡。继而左脚蹬地腾起，右、左脚先后上摆挑，同时抬头挺胸，身体在空中成反弓形平转 360°，两脚依次落地（图 3-41）。

图 3-41

2. 动作要点

左腿蹬地时，踝、膝、髋要迅速蹬直，在空中要保持抬头、挺胸的姿势，身体成水平旋转，两腿略高于头；旋转时要直臂、直膝，两手保持一条直线，手臂的摆动和腿的蹬摆相一致，协调。

3. 易犯错误及纠正方法

易犯错误：头向下看，身体下压，双腿打开幅度不明显。

纠正方法：头部向上抬，双腿一次抡起打开，幅度要大。

（十七）里合击响腿

1. 动作轨迹

接上动，左脚向正西方迈一步，身体转至正西，右脚脚尖勾起里扣并向左上方踢起，经面前向左侧上方直腿摆动，落于左脚外侧，脚尖着地。身体顺势向后转至 180° 于正东方向，左掌可在左侧上方迎击右脚掌（击响）（图 3–42）。

2. 动作要点

挺胸、直腰、松髋、合髋，里合幅度要大，直膝稳固支撑，经面前后要加速摆动，上体不可扭动；腿经过额前方击响，击响部位在前脚掌。

3. 易犯错误及纠正方法

易犯错误：摆腿无力，无击响或无力度。

图 3–42

纠正方法：摆腿有力，有速度，击响清脆。

（十八）外摆击响腿

1. 动作轨迹

接上动，右脚落地后，左脚尖勾紧，起腿向前向后弧形踢腿。左脚提到额前方时，左手去迎左脚（击响），同时左腿在摆动过程中顺势向后转 180°，左脚落地（图 3–43）。

2. 动作要点

挺胸、塌腰、松髋、展髋，直膝支撑，外摆幅度要大，成扇形；脚尖勾起，经过面前后腰加速摆动，

图 3–43

支撑要稳固，上体保持直立，不可乱动。

3. 易犯错误及纠正方法

易犯错误：摆腿无力，无速度。

纠正方法：摆腿有力，有速度，击响清脆。

（十九）顺势扫堂腿

1. 动作轨迹

接上动，左腿屈膝全蹲，成右扑步状，右脚内扣，上体做前后转，两掌随体前转在左膝外侧扶地。借助上体向前后转体的惯性力量，以左脚前脚尖为轴，右脚贴地向前扫转一周（图 3-44）。

图 3-44

2. 动作要点

转体、俯身，撑地用力要连贯紧凑、一气呵成。仆步扫腿时要立腰、沉髋，右腿不可弯曲，右脚不能离地，以拧腰带动腿转。

3. 易犯错误及纠正方法

易犯错误：前扫腿脚离地，腰部没有最大幅度拧转。

纠正方法：前扫腿要紧贴于地面，用腰带动腿的扫动。

（二十）端酒侧倒

1. 动作轨迹

接上动，右腿、体侧顺势倒地，成侧摔式，左腿扣膝盖在后，右腿绷腿伸直在前，双手成酒杯式，眼看右手（图 3–45）。

2. 动作要点

侧倒时，手臂要落于额前方，作为缓冲力量，身体要绷紧，不可松懈，左脚背要绷紧，展髋。

图 3–45

3. 易犯错误及纠正方法

易犯错误：身体过于放松，平趴于地面。

纠正方法：身体绷直，身体整个右侧面贴于地面，眼睛目视右手的延长线处。

（二十一）鲤鱼打挺

1. 动作轨迹

接上动，身体左转平躺于地面，仰卧、屈体，肩背着地，两腿伸向头部，膝部伸向头部，膝部接近前额，两手扶按两膝（图 3–46）。两腿向上、向前、向下打，挺腹、仰头，振摆而起(图 3–47)。

图 3–46

图 3–47

2. 动作要点

两腿要尽量向前上方伸髋。展体、挺腹、仰头要及时。向下打腿要迅速，两腿尽量靠近臀部，身体要成半圆形。

3. 易犯错误及纠正方法

易犯错误：速度慢，双手扶地。

纠正方法：运用髋关节力量，双腿顺势下摆。

第三段

（二十二）醉仙敬酒

1. 动作轨迹

接上动，左脚前上一步（正西方向），右手随身体向前摆动，左手至身体左后侧（图 3-48）。右脚上步交叉于左脚外侧，左手随身体向前摆动，右手至身体右后侧（图 3-49）。接上动，左脚后撤一步，右脚随之后撤一步，两手随身体的扭动自由摆动在身体两侧。接上动，左脚跳步，右脚离地交叉落于左膝外侧，双手随身体摆动至右肩前，双手成酒杯式（图 3-50）。

图 3-48

2. 动作要点

脚步灵活，动作清晰，节奏分明。

图 3-49

图 3-50

3. 易犯错误及纠正方法

易犯错误：脚与手配合不协调。

纠正方法：手自然摆动，保持身体不僵硬，自然放松。

（二十三）白猿蹬枝

1. 动作轨迹

接上势，以双脚为轴，身体转至正西方向（两脚同时进行），两手随身体摆动落于胸前方，两手臂伸直成水平状，两手形成酒杯状（图 3-51）。接上动，右膝提起，向上向前蹬出，力达脚跟，两手同时向后拉，放置身体两侧（图 3-52）。

2. 动作要点

蹬腿有力，力达脚跟。

3. 易犯错误及纠正方法

易犯错误：支撑腿和蹬腿弯曲，无力。

纠正方法：双腿保持直立，有力蹬出。

图 3-51

图 3-52

（二十四）端酒式（蓄势端酒）

1. 动作轨迹

接上动，右脚后跳一步，左脚紧跟后撤一步，两腿成高马步状。身体面朝正南，两手直接向右肩前送出，两手形为酒杯状，目视右前方（正东方向）（图 3-53）。

图 3-53

2. 动作要点

动作衔接连贯、流畅。

3. 易犯错误及纠正方法

易犯错误：双腿成站立状。

纠正方法：动作成型时，双腿成高马步。

（二十五）上步劈掌

1. 动作轨迹

接上动，右脚微向内扣脚，身体向后转身（方向正东），左手臂经额前向上向前划至身体左侧，右手臂自然摆至身体右侧。左脚向左斜前方迈步，右脚跟一小步，脚面着地，右手臂经身体右侧向上抬起，顺势向左斜下方劈掌，左手自然划至右肩前，目视前方（图 3–54）。

2. 动作要点

劈掌有力。

3. 易犯错误及纠正方法

易犯错误：劈掌无自上而下动作，劈掌无力。

纠正方法：劈掌时右手从右上方向左下方下劈，劈掌节奏分明，快速有力。

图 3–54

（二十六）亮掌架打

1. 动作轨迹

接上动，右脚顺势向右斜前方上步，左脚跟步，左脚面着地，右手臂经面前架掌于额上方，左手臂向前直线击打，手形为酒杯状，目视前方（图 3-55）。

图 3-55

2. 动作要点

左手出拳迅速。

3. 易犯错误及纠正方法

易犯错误：右脚上步为正前方。

纠正方法：右脚上步为右斜前方，不能为正前方。

（二十七）盘腿跌

1. 动作轨迹

接上动，左脚向前迈一步，右脚随之上一步，身体面朝正北，两腿成马步状，右脚起跳，身体向左旋转 180°，两手随腰的旋转而摆动。左腿、左体侧着地，成侧摔式，落地时，两手臂至于胸前方(图 3-56)。

图 3-56

2. 动作要点

摔地动作轻盈。

3. 易犯错误及纠正方法

易犯错误：动作团缩在一起，不舒展。

纠正方法：落地轻盈，身体侧倒打开。

（二十八）卧身剪腿

1. 动作轨迹

接上势，右腿屈膝向外侧蹬，力点为右脚外侧，腰部收紧，左脚屈腿落于地面，头部抬起，目视右脚前方（图 3–57）。

图 3–57

2. 动作要点

蹬腿有力。

3. 易犯错误及纠正方法

易犯错误：蹬腿弯曲。

纠正方法：右腿伸直，蹬腿有力。

（二十九）乌龙绞柱

1. 动作轨迹

接上势，左腿屈膝贴地，右腿伸直，两手于左侧扶地。身体稍后仰，右手离地；同时右腿伸直从右向左用力平扫。右脚继续平扫，随之上体向后翻仰，左腿也相继向左上方扫举，使两腿在空中相绞。双手扶地上推，头配合上顶，使身体成倒立状。上动不停，随即收腹、收髋，右脚、左脚相继落地，成站立姿势（图 3–58、图 3–59）。

图 3–58

图 3–59

2. 动作要点

绞柱时，必须以肩颈部位着地，腰背在上绞的同时用力向上顶，腿要尽量伸展，伸髋。

3. 易犯错误及纠正方法

易犯错误：双腿弯曲、无力。

纠正方法：双腿绷直，迅速有力，身体螺旋上升。

（三十）反身抢背

1. 动作轨迹

接上势，右脚向前站一步，右腿略屈膝，右手握拳屈肘上举，左手握拳屈肘放在胸前，眼看前下方。上身向前卷体倾倒，右腿蹬地，右腿向上摆起，以背的肩胛骨部位着地，两腿屈膝，团身、侧身向前翻滚（图 3-60）。

2. 动作要点

肩、背、腰、臀依次着地。侧身滚翻，滚翻要圆，身体团身要紧，头不着地，立起要迅速，没有跃起动作。

图 3-60

3. 易犯错误及纠正方法

易犯错误：身体直接滚翻。

纠正方法：滚翻时，要肩、背、腰、臀依次着地。

(三十一) 歇步肘靠

1. 动作轨迹

接上势，起身右脚落地，左脚直接后插于右脚斜后方，脚尖点地，右手屈肘至右腋前，左手搭于左额前方，目视右斜前方（图 3-61）。

图 3-61

2. 动作要点

步形为歇步。

3. 易犯错误及纠正方法

易犯错误：步形不到位。

纠正方法：步形为歇步，动作要到位。

第四段

（三十二）里合击响

1. 动作轨迹

接上势，右脚落地捻脚转身，左脚向前活步，右脚脚尖勾起里扣并向右上方踢起，经面前向左侧上方直腿摆动，右脚掌与左手掌击响，身体转至 180°（方向正西），右手自然摆至身体两侧（图 3–62）。

图 3–62

2. 动作要点

挺胸、直腰、松髋、合髋，里合幅度要大，直膝稳固支撑，经面前后要加速摆动，上体不可扭动；腿经过额前方击响，击响部位在前脚掌。

3. 易犯错误及纠正方法

易犯错误：摆腿无力，无击响。

纠正方法：摆腿要迅速有力，且要有击响。

（三十三）屈肘倾倒

1. 动作轨迹

接上势，两脚并步站立，身体直立挺直前倾，两臂屈肘握拳举于胸前。倒地时身体平直，两腿并拢，以前两臂或两掌着地（方向正西）（图 3-63、图 3-64）。

图 3-63

图 3-64

2. 动作要点

上下肢配合协调，倒地时身体平直。

3. 易犯错误及纠正方法

易犯错误：双腿先弯曲，手掌落地。

纠正方法：双腿要保持直立，身体保持紧张状态。落地时，小臂外侧着地。

（三十四）扑地肩行

1. 动作轨迹

接上势，身体俯卧，两臂自然摆放在身体两侧，两手紧贴于大腿两侧，重心前移，以肩前移，左边身体翻身 1/3，右肩抬起并前耸，准备向前扑地肩行，目视斜前方。此势连续两肩交替进行，带动身体前进，左右各划两次（方向正西）（图 3-65、图 3-66）。

图 3-65

图 3-66

2. 动作要点

身体伸直，用肩部带动身体前行。

3. 易犯错误及纠正方法

易犯错误：用腿带动身体前行。

纠正方法：行进时，用肩膀带动身体前行。

（三十五）扑地蹦

1. 动作轨迹

接上势，人体俯卧，两腿并拢，两脚前掌着地，两肘夹紧，两掌着地，身体挺直，手足同时平起平落，轻快连续，绕逆时针半周。

结束方位是面朝正东（图 3–67、图 3–68）。

图 3–67

图 3–68

2. **动作要点**

身体平直，两手着地，跳蹦连续。

3. **易犯错误及纠正方法**

易犯错误：动作不连贯。

纠正方法：动作连贯，身体保持一条直线。

（三十六）原地翻身

1. **动作轨迹**

接上势，两手扶地，脚尖点地，用手部和脚的力量向右翻转，身体从俯卧转成仰卧状，目视上方（图 3–69）。

图 3–69

2. 动作要点

利用惯性迅速翻身。

3. 易犯错误及纠正方法

易犯错误：身体直接侧转。

纠正方法：身体要腾空，翻转要迅速，不能直接侧转为仰卧状。

（三十七）鲤鱼打挺

1. 动作轨迹

同“（二十一）鲤鱼打挺”（图3-70、图 3-71）。

图 3-70

图 3-71

2. 动作要点

同“（二十一）鲤鱼打挺”。

3. 易犯错误及纠正方法

同“（二十一）鲤鱼打挺”。

（三十八）踉跄迈步仰身饮酒

1. 动作轨迹

接上势，起身重心移至右腿，左脚向前迈步，右手成酒杯状摆动在身体右侧，与右肩齐高，左手摆动在身体左侧，左脚落步同时，上身向左倾斜歪倒，右手握酒杯拳屈肘收至右肋处，左手向前伸出，左脚跟随势离地掀起，右脚同时从后向右、向前自然摆动，屈膝提起，头右转，目视右侧斜前下方（图3–72）。右脚趁上身向左歪倒之势，从左腿前面向左侧迈步落地，随之左脚继续向左斜前方上步，右脚跟步，两腿成马步状，右手摆动于胸前侧，左手勾手反臂斜举（图 3–73）。上动不停，两腿伸直，上身后仰，右臂屈肘，使右手酒杯拳的拳眼对准口部，如饮酒状（图 3–74）。

图 3–72

图 3–73

2. 动作要点

跟跄的步法必须和上肢的动作配合一致，使上下肢在醉形中和谐一致。

3. 易犯错误及纠正方法：

易犯错误：步伐不清楚。

纠正方法：步伐要有序，上下肢要协调。

图 3-74

（三十九）空翻前跌

1. 动作轨迹

接上势，身体直立，两手自然摆放在身体两侧，右脚向前上步，左脚为起跳腿，身体团身、腾空，翻转 360°（图 3-75）。背部着地，双手放置身体两侧扶地，双腿屈膝落地，顶髋，收腰（图 3-76）。

图 3-75

图 3-76

2. 动作要点

用头带动全身翻转，腿尽量收拢，以腰腹为中心进行旋转，向上抬头，双腿下摆。

3. 易犯错误及纠正方法

易犯错误：翻跌落地时全身着地。

纠正方法：翻跌落地要肩背着地，不能全身着地。

(四十) 乌龙绞柱

1. 动作轨迹

同“(二十九) 乌龙绞柱”(图 3–77、图 3–78)。

图 3–77

图 3–78

2. 动作要点

同“(二十九) 乌龙绞柱”。

3. 易犯错误及纠正方法

同“(二十九) 乌龙绞柱”。

(四十一) 摔杯醒酒式

1. 动作轨迹

接上势，起身，身体转至正南方，重心移至右腿，两手自然打开，左脚向前上一步（正南方向），右手随身体向前摆动，左手至于身体左后侧，右脚上步交叉于左脚外侧（正南方向），左手随身体向前摆动，右手至身体右后侧。接上动，左脚继续向后撤一步，右脚跟一步，重心偏至右腿，左脚尖虚步点地，身体向右倾斜，两手顺势打开，右手划身体右侧。略与肩高，左手自然摆动于身体左侧（图 3–79）。左脚继续向左斜前方上一步，右脚向右斜前方上一步，左脚向正后方撤一小步，右脚也向正后方撤一小步，两手自然摆动在身体两侧，身体自然摇晃，低头目视下方（图 3–80）。

图 3–79

图 3–80

2. 动作要点

手脚配合要协调。

3. 易犯错误及纠正方法

易犯错误：手与步伐不协调。

纠正方法：身体放松，手臂随身体摆动而摆动，手与步伐协调一致。

收势

1. 动作轨迹

抬头，左脚并步，两手自然摆放在身体两侧，目视前方（图 3-81）。

图 3-81

2. 动作要点

身体中正，眼睛有神，自然放松。

第四章　醉棍套路

第一节　醉棍动作名称

第一段

起势

（一）饮酒式

（二）外摆击响腿

（三）平抡棍

（四）背棍饮酒

（五）踉跄步饮酒

（六）转身插步云拨棍

（七）提膝撩棍

（八）翻身舞花

（九）跃起戳把

（十）团身抡背

（十一）左右点棍

（十二）后摆腿

（十三）翻身盖把

第二段

（十四）倒拔柳

（十五）醉牙床

（十六）乌龙绞柱

（十七）拨草寻蛇

（十八）转身插步云拨棍

（十九）上步平抡棍

(二十) 腾空旋身跌

第三段

(二十一) 拐李醉酒
(二十二) 左右撞钟
(二十三) 插步前顶
(二十四) 翻身盖把
(二十五) 云点棍
(二十六) 踉跄步绞棍
(二十七) 上崩棍
(二十八) 腾空侧踹
(二十九) 跃起翻身摔棍

(三十) 戳棍侧跌

第四段

(三十一) 反卷帘式
(三十二) 云棍
(三十三) 抢背
(三十四) 转身下拨棍
(三十五) 铁牛耕地
(三十六) 翻身舞花
(三十七) 背棍饮酒式
(三十八) 摔杯醒酒式
收势

第二节　醉棍套路动作图解与教学

第一段

起势

1. 动作轨迹

面朝正南，身体直立，双脚靠拢，左臂垂于身体左侧，左手五指并拢贴在腿侧，右手持棍立于身体右侧地面（图 4-1）。

图 4-1

2. 动作要点

头要端正，目视前方，下颌微收，挺胸、松肩、直背，精神饱满。

（一）饮酒式

1. 动作轨迹

接上势，左脚向身体左侧开步至与肩同宽，右手持棍不变，左臂抬起至与肩同高，左手四指并拢，拇指内扣，坐腕、立掌，掌心朝外（图 4-2）。腰部微向右侧转动，带动左臂从体侧划弧至体前，左臂微屈，左手成酒杯式

图 4-2

（图 4–3）。头部后仰，左手屈肘至嘴角上方，模仿饮酒动作，目视右手（图 4–4）。

图 4–3

图 4–4

2. 动作要点

左臂伸直，立掌有力。

3. 易犯错误及纠正方法

易犯错误：身体紧张，动作僵硬。

纠正方法：身体放松，体会似醉非醉饮酒时的神韵。

（二）外摆击响腿

1. 动作轨迹

接上势。端杯手下沉后撩，右脚迅速于棍内侧摆过，与左手臂在头部前上方由外向内做外摆击响动作（图 4–5）。右脚击响后落地，膝盖弯曲，左膝弯曲，成跪步，右手自身体前下方接握棍于底部 1/3 处，左臂由身体左侧向下向后摆动至与肩同高，身体向左侧转动 45°，重心下沉，目视右手（图 4–6）。

图 4–5

图 4–6

2. 动作要点

外摆击响快速，接握棍准确。

3. 易犯错误及纠正方法

易犯错误：外摆脚不充分；接握棍失败。

纠正方法：右脚从棍的右侧起腿，经身体左前方于身体与棍之间作扇形摆动，绕过棍后落至身体右侧；动作连贯，一气呵成。

（三）平抡棍

1. 动作轨迹

接上势，左脚向右脚外侧方向上步，两手平展，棍梢划平圆，身体向右侧转动 180°（图 4–7）。右脚向左脚方向撤步，身体向右侧转动 180°，棍与头顶上方划平圆，头微后仰。双手下落曲臂合于左肩前，身体微左转，目视右前方（图 4–8）。两臂平展，棍于头顶上方划平圆一周，棍梢自左后方起经左前方、右前方、右后方至原位。身体后仰，目视头上方（图 4–9）。

图 4–7

图 4–8

图 4–9

2. 动作要点

抡棍成平圆。

3. 易犯错误及纠正方法

易犯错误：抡棍未成平圆。

纠正方法：身体向左侧倾斜，右手持棍与肩同高，目视棍梢。

（四）背棍饮酒

1. 动作轨迹

接上势，棍继续横扫，向身体后方摆动，斜背至体后，身体右转90°朝正前方，右脚在前，左脚在后，左腿微屈。左臂横摆至体前，呈酒杯状屈肘置于嘴前，身体微后仰作饮酒状（图4-10）。

图 4-10

2. 动作要点

身体后仰时重心稳固，饮酒状时动作自然。

3. 易犯错误及纠正方法

易犯错误：身体转动不充分，重心不稳。

纠正方法：身体右转时器械与身体力求随和、完整，重心微靠后。

（五）踉跄步饮酒

1. 动作轨迹

接上势，左脚向前上步交叉于右脚外侧，右手背棍向体前摆动，左手自然下垂，身体前倾（图 4-11）。右脚向身体右侧迈出，与左脚平行而立，右手持棍，左手成酒杯状，两臂屈肘合抱置于嘴部上方，作饮酒状。两膝弯曲前顶，身体后仰约 130°（图 4-12）。

图 4-11

图 4-12

2. 动作要点

步法踉跄而稳固。

3. 易犯错误及纠正方法

易犯错误：踉跄步身体前倾或后仰幅度夸张，易出现附加的摇晃动作。

纠正方法：脚步移动与身体运动协调配合。

（六）转身插步云拨棍

1. 动作轨迹

接上势，右脚上步落于身体左侧 180°处，随即身体后转 180°，同时棍随身体向后转动，左手于头前上方握棍，在头前上方向左平圆环绕一周（图 4-13）。身体继续向左后方转动 180°，左脚后撤，右脚向斜后方 45°插步，棍随身体转动，拨棍至身体左斜前方 45°处（图 4-14）。

图 4-13

图 4-14

2. 动作要点

转身云棍与插步拨棍动作协调、路线清晰。

3. 易犯错误及纠正方法

易犯错误：云棍、拨棍与步法不协调。

纠正方法：转身云棍与插步拨棍动作采用连贯—分解—连贯的练习步骤。

（七）提膝撩棍

1. 动作轨迹

接上势，右脚向前方上步，两手握棍，棍梢经体前划弧形至朝正上方，左脚上步，棍梢划弧形从正上方经身体后方划弧形至正下方，右腿提膝，棍梢经身体左侧下方向右斜上方撩出，目视棍梢（图 4–15）。

图 4–15

2. 动作要点

撩棍动作是棍梢从下方向斜上方撩出。

3. 易犯错误及纠正方法

易犯错误：撩棍动作未成弧形。

纠正方法：棍梢在身体左侧自上至下划立圆，再向斜上方撩出。

（八）翻身舞花

1. 动作轨迹

接上势，右脚向前落步，身体左转 90°，棍梢划弧形自右上方至身体左侧，左脚向右脚方向插步，棍梢划弧形自身体左侧至身体右侧（图 4–16）。右脚上步，身体向左后方转动，棍把划立圆自身体正前方经身体上方落至身体左侧（图 4–17），同时双腿屈膝下蹲。

图 4–16

图 4–17

2. 动作要点

舞花成立圆。

3. 易犯错误及纠正方法

易犯错误：舞花未成立圆。

纠正方法：两手握棍于棍的中间，双手适当放松，以腰带动手的运动。

（九）跃起戳把

1. 动作轨迹

接上势，右脚向前迈步至两脚平行，双腿屈膝下蹲，棍自然下落于身体左侧，棍稍向后（图 4-18）。双脚蹬地腾空，在空中呈右弓步，双手握棍，将棍把顶端向前上方 45°戳击（图 4-19）。

图 4-18

图 4-19

2. 动作要点

腾空充分，戳把准确。

3. 易犯错误及纠正方法

易犯错误： 滑把不清晰，戳把与腾空未同时完成。

纠正方法： 加强腾空戳把动作的单独练习，把握腾空时机。

（十）团身抢背

1. 动作轨迹

接上势，双脚落地，右脚在前，左脚在后，左脚从后向上摆起，右脚蹬地，团身向前翻滚，两腿屈膝。棍自然下落于体前，持棍翻滚（图 4–20）。

图 4–20

2. 动作要点

持棍团身抢背。

3. 易犯错误及纠正方法

易犯错误： 抢背时连接不畅。

纠正方法： 肩、背、腰、臀依次着地，翻滚要圆、快，立身要迅速。

（十一）左右点棍

1. 动作轨迹

接上势，右脚向前上步，身体左转 90°，成马步，双手持棍于身体右侧地面点棍，目视棍梢（图 4-21）。右脚向左脚外侧前方上步，棍从面前划立圆点至身体左侧地面，目视棍梢（图 4-22）。

图 4-21

图 4-22

2. 动作要点

点棍时腰部配合，协调发力。

3. 易犯错误及纠正方法

易犯错误：点棍动作劲力不流畅。

纠正方法：点棍时棍梢向下方短促点击，力达棍梢。

（十二）后摆腿

1. 动作轨迹

接上势，身体向左上方展开，双肩成竖直线，同时左腿向后方摆击，右腿直立，棍把触地，棍梢朝上，目视左腿摆动方向（图 4-23）。

2. 动作要点

后摆腿时左腿摆动迅速有力，右腿支撑稳固。

图 4-23

3. 易犯错误及纠正方法

易犯错误：失去重心，摆动腿未及头部高度，摆击无力。

纠正方法：棍触地后借力后摆腿，但不可过分将重心置于棍。后摆腿时双腿均无明显弯曲，力达脚部。

（十三）翻身盖把

1. 动作轨迹

接上势，左脚向前落步，身体左转 90°，右脚跟半步落于左脚斜后方 45°处，双腿弯曲，棍从身体右侧划立圆自上向下盖击，棍把触地，棍梢斜向上，目视棍把（图 4-24）。

图 4-24

2. 动作要点

把位变换准确灵活，转身盖把时腰部拧转发力。

3. 易犯错误及纠正方法

易犯错误： 盖把不充分，力法僵硬。

纠正方法： 盖把呈弧形，力达棍把。

第二段

（十四）倒拔柳

1. 动作轨迹

接上势，右脚退步，右手滑把靠近棍把，棍把自下向上划立圆（图 4-25）。左脚退步，棍把自下向上向前划立圆，棍梢自上向下向后划立圆（图 4-26）。右脚退步，棍把自下向上向前划立圆，棍梢自上向下向后划立圆（图 4–27）。右脚上步，棍把自前向上向后划立圆，棍把触地立于身体后方，身体向后侧拧转，目视棍把(图 4–28)。

图 4–25

图 4–26

图 4–27

图 4–28

2. 动作要点

棍把和棍梢划立圆。

3. 易犯错误及纠正方法

易犯错误：棍梢与棍把未划立圆。

纠正方法：以腰为轴，左右转动。

（十五）醉牙床

1. 动作轨迹

接上势，右脚脚尖外摆约 90°，左脚提起，向身体右侧直腿摆动约 180°，棍把自下向上向前划立圆至头顶上方，身体向侧后方倒扑，左腿屈膝后收，靠近臀部，右腿向前伸直。握棍于靠近棍把处，棍随侧扑落地，目视棍梢（图 4–29）。

图 4–29

2. 动作要点

腰部尽量向上顶起，不能向下塌陷。

3. 易犯错误及纠正方法

易犯错误：转身侧扑棍未划立圆。

纠正方法：棍随身转。

（十六）乌龙绞柱

1. 动作轨迹

接上势，左手向身体左侧打开着地，身体仰卧，面部朝上，右腿由地面向左向上扫动，左腿随即也由左向上扫转，两手臂屈肘撑地置于头部两侧。双腿扫转至身体向上倒竖起时，两腿迅速在空中绞转，向上引力，两臂屈肘向下推地，上身随之翻起成直立（图 4–30）。

图 4–30

2. 动作要点

绞柱迅速果断。

3. 易犯错误及纠正方法

易犯错误：空中绞转上引与双手撑地发力不协调。

纠正方法：绞转上引的同时双臂由屈肘成直臂发力。

（十七）拨草寻蛇

1. 动作轨迹

接上势，左脚向右前方 45°上步，同时两手握棍于前额上方，使棍梢由前下向右后上方，经左后上方做云棍，身体微后仰（图 4–31）。右脚向左前方 45°上步，两手握棍，棍梢由左前上方向右斜下方拨出，目视棍梢（图 4–32）。

图 4-31

图 4-32

2. 动作要点

拨棍自上向下拨出。

3. 易犯错误及纠正方法

易犯错误：拨棍动作僵硬。

纠正方法：以腰为轴向身体右侧转动，棍梢自上向下拨出，力达棍梢。

(十八) 转身插步云拨棍

1. 动作轨迹

接上势，左脚向正前方上步，双手于头顶上方托棍，右脚、左脚依次向前上步，分别转身 180°，于头顶云棍，目视棍梢（图 4-33）。

右脚向左后方45°插步，棍梢由右前方向身体左侧拨出，目视棍梢（图4-34）。

图 4-33

图 4-34

2. 动作要点

转身云棍动作由三次上步完成。

3. 易犯错误及纠正方法

易犯错误：转身云棍未于头顶划平圆。

纠正方法：身体微后仰，两手上举托平。

（十九）上步平抡棍

1. 动作轨迹

接上势，右脚向前上步，左脚向前上步，两手平展，身体右转90°，右脚向左脚方向撤步，棍于头上方自左前方经右前方划平圆一周（图4-35）。

图 4-35

2. 动作要点

转身抡棍成平圆。

3. 易犯错误及纠正方法

易犯错误：抡棍未成平圆。

纠正方法：右手臂微屈，右手适当放松，手腕自前向后平转一周。

(二十) 腾空旋身跌

1. 动作轨迹

图 4-36

接上势，左脚向前上步，身体左转，右腿悬空抬起，向右后方旋转摆击 360°，棍随身走（图 4-36）。身体左侧着地，右腿伸直，左腿屈膝，左脚置于右膝前，右臂抬起与身体成约 45°角，棍梢斜向上，目视棍梢方向（图 4–37）。

图 4–37

2. 动作要点

腾空旋身不充分。

3. 易犯错误及纠正方法

易犯错误： 无腾空或腾空时右腿严重弯曲。

纠正方法： 腾空时借助惯性，身体整体向后旋转。

第三段

（二十一）拐李醉酒

1. 动作轨迹

接上势，身体仰卧，右手持棍，双手于面前做云棍一次，身体向右上方旋转，棍把触及身体左侧地面，拄地。右腿伸直，腿体悬空，左腿屈膝撑地，身体上挺起身（图 4–38）。

图 4–38

2. 动作要点

上挺起身连贯流畅。

3.易犯错误及纠正方法

易犯错误：挺身时右腿弯曲或有附加支撑动作。

纠正方法：注意全身发力时的协调配合。

（二十二）左右撞钟

1. 动作轨迹

接上势，左脚上步，右脚向左脚外侧上步，双手握于棍中段，绞棍。左脚向斜后方 45°退步，右脚向右后方 45°退步，双手绞棍。左脚向右前方 45°上步，同时棍梢向左侧击出，目视棍梢(图 4-39)。右脚向左前方 45°上步，同时，棍把向右侧击出，目视棍把（图 4-40）。

图 4-39

图 4-40

2. 动作要点

跟跄步左右撞钟。

3. 易犯错误及纠正方法

易犯错误：跟跄步与绞棍动作不协调。

纠正方法：注意手与脚的配合。

（二十三）插步前顶

1. 动作轨迹

接上势，左脚向后撤步，右脚向前进步，同时双手握棍使棍梢沿逆时针方向划立圆（图 4-41）。左脚向前上步，右脚向前上步，同时左脚上步，双手握棍使棍梢沿逆时针方向划立圆（图 4-42）。

棍继续划立圆，至头顶前上方，棍梢向斜上方顶出，左脚后跟离地，重心落于右脚，重心微前倾，目视棍梢（图 4–43）。

图 4–41

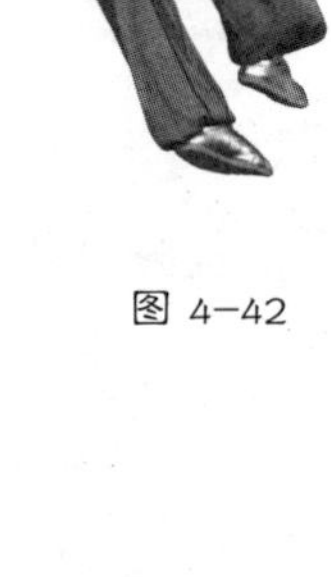

图 4–42

图 4–43

2. 动作要点

双手握棍划立圆，后一个较前一个幅度大。

3. 易犯错误及纠正方法

易犯错误：握棍划立圆与脚步配合不协调。

纠正方法：棍划立圆一次配合两次脚步移动。

（二十四）翻身盖把

1. 动作轨迹

接上势，左脚向右脚方向插步，右脚向后撤步，左脚后撤，同时双手滑把，转身 180°（图 4–44）。随后身体左转约90°，向身体左侧下方盖把，右脚向前跟半步，左腿屈膝成弓步，目视棍把（图 4–45）。

图 4–44

图 4–45

2. 动作要点

翻身盖把以腰拧转助力。

3. 易犯错误及纠正方法

易犯错误： 滑把不畅，翻身时棍未划立圆。

纠正方法： 滑把时换手要迅速，翻身时棍梢要从身体右侧经体前上方划立圆落至身体左侧地面。

（二十五）云点棍

1. 动作轨迹

接上势，右脚回收，与左脚并步站立，滑把后棍梢自身体左前方经身体右前方至身体后侧上方云棍，同时头部后仰。云棍至体前后脚后跟抬起，点棍（图 4-46）。

2. 动作要点

点棍清晰。

图 4-46

3. 易犯错误及纠正方法

易犯错误：点棍不清晰或幅度过大。

纠正方法：点棍时右手微抬，双手压腕，棍基本呈直线。

（二十六）跟跄步绞棍

1. 动作轨迹

接上势，双手下落于胸前，端棍。左脚向右前方上步，右脚向左脚外侧上步，左脚向左后方撤步，右脚向右后方撤步，顺时针绞棍四次，共绞棍八次。腿部膝盖弯曲，身体微内含，目视棍梢（图 4–47）。

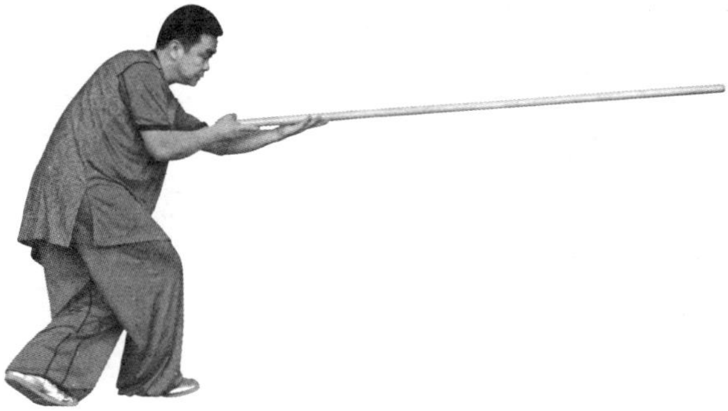

图 4–47

2. 动作要点

跟跄步与绞棍配合协调。

3. 易犯错误及纠正方法

易犯错误：绞棍不清晰或棍梢未成圆形。

纠正方法：绞棍时双手掌心向上，棍把端于胸前划立圆，左手放松，使棍梢划立圆。

（二十七）上崩棍

1. 动作轨迹

接上势，左脚向后插步，两臂上举，于头顶崩棍，棍梢斜向上，目视棍梢（图 4-48）。

图 4-48

2. 动作要点

崩棍清晰有力。

3. 易犯错误及纠正方法

易犯错误：崩棍不清晰。

纠正方法：崩棍时两臂上举，右臂微屈，右手掌心斜向上翻出，同时左手掌心上翻。

（二十八）腾空侧踹

1. 动作轨迹

接上势，右脚、左脚依次上步，棍立起使棍梢触地，身体腾空侧踹，目视右脚踹出方向（图 4–49）。

图 4–49

2. 动作要点

侧踹动作准确，腾空明显。

3. 易犯错误及纠正方法

易犯错误：踹出腿低于水平，左腿屈膝不明显。

纠正方法：腾空时身体向左侧倾斜至水平，右腿直腿向斜上方踹出，左腿屈膝扣于右膝下方。

（二十九）跃起翻身摔棍

1. 动作轨迹

接上势，右脚、左脚依次落地，双脚起跳腾空跃起（图 4-50）。同时身体左转 180°，两手于空中展开，棍由下向上沿弧形运动（图 4-51）。两脚落地，身体右转 90°，屈膝下蹲，棍由上向下摔击，左手拉至体后，与肩同高（图 4-52）。

2. 动作要点

腾空与翻身甩棍连接流畅，一气呵成。

3. 易犯错误及纠正方法

易犯错误：腾空与翻身甩棍分别完成。

纠正方法：腾空落地后即刻身体左转摔棍。

图 4-50

图 4-51

图 4-52

（三十）戳棍侧跌

1. 动作轨迹

接上势，右脚脚尖外摆，左脚向右后方盖步一周，同时身体转动 360°，双手于头顶云棍。两腿屈膝下蹲，右脚前蹬，身体侧身后倒，同时戳把，目视棍把（图 4-53）。

图 4-53

2. 动作要点

戳棍侧身跌迅速果断。

3. 易犯错误及纠正方法

易犯错误：脚步摆扣不足，云棍不畅。

纠正方法：右脚外摆充分，左脚扣步同时以身体的转动带动云棍，随后侧跌。

第四段

（三十一）反卷帘式

1. 动作轨迹

接上势，左手向身体左侧平展，左腿伸直，身体成仰卧。头贴于地面向左侧肩部靠拢，两腿引劲向上，使身体垂直于地面（图 4–54）。随后，肩、胸、髋、膝、脚依次着地（图 4–55）。

图 4–54

图 4–55

2. 动作要点

头向左侧肩部靠拢。

3. 易犯错误及纠正方法

易犯错误：蹬起不畅，下落过快。

纠正方法：蹬起时双脚向上方引力略快。下落时肩、胸、髋、膝、脚依次着地，稍慢。

（三十二）云棍

1. 动作轨迹

接上势，左脚向左前方上步，双手上托棍，右脚向前上步，双手于头顶云棍，同时身体转动 360°（图 4–56）。

图 4–56

2. 动作要点

云棍于头顶成平圆。

3. 易犯错误及纠正方法

易犯错误：云棍未成立圆。

纠正方法：微抬头，两手平行云棍。

（三十三）抢背

1. 动作轨迹

接上势，左脚向前上步，身体重心下降，左腿屈膝（图 4–57）。右脚向前上步，右肩、背部依次着地，左手持棍，向前翻滚（图 4-58）。

图 4-57

图 4-58

2. 动作要点

云棍于头顶成平圆。

3. 易犯错误及纠正方法

易犯错误：抢背连接不畅。

纠正方法：肩、背、腰、臀依次着地，翻滚要圆、快，立身要迅速。

（三十四）转身下拨棍

1. 动作轨迹

接上势，左脚蹬地起身，右脚在前，左脚向右脚方向撤步，双手于头顶云棍，身体转动 180°（图 4-59）。随后，棍从身体右上方向左下方拨出，棍梢触及地面。

图 4-59

2. 动作要点

云棍于头顶成平圆。

3. 易犯错误及纠正方法

易犯错误：转身与下拨棍连接不畅。

纠正方法：手与脚配合协调。

（三十五）铁牛耕地

1. 动作轨迹

接上势，左脚尖向内碾地，左膝内扣朝向地面，身体微向右拧转，同时，双手向下压棍，手心朝向身体，目视棍梢（图 4-60）。右脚未提起，震脚，身体微向右前方倾斜，右手下压，双手崩棍（图4-61）。

图 4-60

图 4-61

2. 动作要点

碾脚、扣膝与转身同时完成。

3. 易犯错误及纠正方法

易犯错误：劲力不畅。

纠正方法：碾脚，转身，腰部向右拧转发力。

（三十六）翻身舞花

1. 动作轨迹

接上势，左脚向右脚外侧方向上步，点棍（图 4–62）。棍梢由右前上方经左斜上方划立圆，身体向右侧转动 180°（图4–63）。右脚向左脚方向撤步，身体左转 90°，棍经身体前上方向后下方划立圆，至棍梢朝上（图 4–64）。

图 4–62

图 4–63

图 4–64

2. 动作要点

翻身舞花时手与脚相配合。

3. 易犯错误及纠正方法

易犯错误：舞花未划立圆。

纠正方法：舞花时两手与身体保持恰当距离，腕部适当放松。

（三十七）背棍饮酒式

1. 动作轨迹

接上势，身体右转 90°，两臂展开，右手持棍于头顶上方平抡棍，身体后仰（图 4-65）。身体右转 90°，斜背棍于身后，左臂屈肘于面前，左手成酒杯式置于嘴角上方，身体后仰，目视左手（图 4-66）。

图 4-65

图 4-66

2. 动作要点

注意身法的运用。

3. 易犯错误及纠正方法

易犯错误：平抡棍与斜背棍时身体僵硬。

纠正方法：平抡棍与斜背棍时身体后仰。

（三十八）摔杯醒酒式

1. 动作轨迹

接上势，左脚向前上步，双手下落，身体微右转（图 4-67）。右脚向左脚外侧方向上步，身体转动 180°，同时双手于头顶上方云棍，微抬头（图 4-68）。左脚后撤，右脚向左脚外侧方向扣步，云棍动作完成。左脚向右斜前方上步，两手自然垂落于体前，右脚向左脚外侧方向上步，身体微右转，右手自然摆至身后，左手握棍摆于体前（图 4-69）。左脚向右脚平行方向打开，右臂向身体右后方 45°打开，右手为酒杯式，左手握棍，横棍置于左髋关节，身体微后仰，目视右手。

2. 动作要点

注意转身云棍与踉跄步。

3. 易犯错误及纠正方法

易犯错误：踉跄步僵硬。

纠正方法：踉跄步须与身法协调配合。

图 4-67

图 4-68

图 4-69

收势

1. 动作轨迹

接上势，左手持棍，双手自然垂落于身体两侧。左脚向右前方上步，右脚向左脚外侧上步，左脚向左后方撤步，右脚向右后方撤步。两腿平行而立，左手直臂握棍，棍梢斜向下，右手直臂与身体侧开 30°，手心朝后，低头，目视地面（图 4-70）。右手于体前接棍，立于身体右侧前方，左手抱于体侧，低头，怒视地面（图 4-71）。左脚回收，靠于右脚，立棍于体前，左手抱于体侧，抬头，目视前方（图 4-72）。

2. 动作要点

头要端正，目视前方，下颌微收，挺胸，松肩，直背，神色内敛。

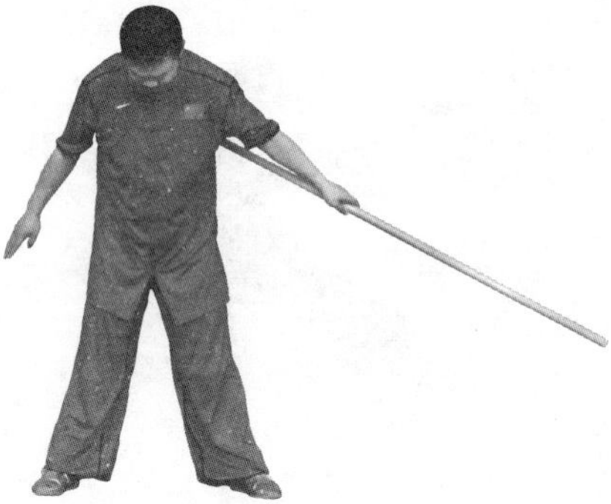

图 4-70

图 4-71

图 4-72

第五章　醉剑套路

第一节　醉剑动作名称

第一段

起势
(一) 侧倒敬酒
(二) 团身抢背
(三) 翻身仆步敬酒
(四) 仰身饮酒
(五) 踉跄迈步
(六) 提膝击打
(七) 腾空旋子
(八) 并步抹手
(九) 插步前靠

第二段

(十) 弓步刺剑
(十一) 转身扫剑
(十二) 跪步仰身饮酒
(十三) 左右挽花
(十四) 退步点剑
(十五) 迈步平抹
(十六) 撤步撩剑
(十七) 挽花反撩
(十八) 鱼跃抢背
(十九) 跃起平崩
(二十) 乌龙绞柱
(二十一) 空翻前跌
(二十二) 鲤鱼打挺

第三段

(二十三) 挽花点剑

（二十四）退步带剑
（二十五）上步刺剑
（二十六）插步截剑
（二十七）并步云剑
（二十八）劈剑抢背
（二十九）提膝挂剑
（三十）翻身挽花
（三十一）斜上刺剑
（三十二）转身云剑
（三十三）踉跄绞剑
（三十四）上步撩剑
（三十五）侧倒反撩
（三十六）乌龙绞柱

第四段

（三十七）跃起反劈
（三十八）上步撩剑
（三十九）转身平斩
（四十）并步云剑
（四十一）仰身后跌
（四十二）鲤鱼打挺
（四十三）插步平斩
（四十四）转身云剑
（四十五）踉跄步接剑
（四十六）醒酒式
收势

第二节　醉剑套路动作图解与教学

第一段

起势

1. 动作轨迹

正面朝南，身体直立，双脚靠拢，两臂垂于身体两侧，右手做剑指，左手抱剑，成立正姿势（图 5-1）。

图 5-1

2. 动作要点

头部端正，目视前方，下颌微收，挺胸，松肩，直背，两臂自然下垂，精神饱满，神情安舒。

（一）侧倒敬酒

1. 动作轨迹

图 5-2

接上势，两臂从身体两侧抬起，与肩同高，右手剑指，左手抱剑，两臂成担肩姿势（图 5-2）。以腰带动双臂右转 90°，右手剑指变酒杯式下落至腰间，左右手相错行进，左手抱剑行至腰间，同时右手酒杯式从胸前推出（图 5-3）。提踵，左脚向左后方 45°迈出一步，右手酒杯式同向相随自下向上画圆，右脚同向相随于左脚内侧滑出，成侧倒姿势，左手抱剑自腰间画竖圆，屈肘停至头部上方，目视右手酒杯式（图 5-4）。

图 5-3

图 5-4

2. 动作要点

双眼应随酒杯式而动，动作衔接要自然。

3. 易犯错误及纠正方法

易犯错误：两臂忽高忽低，手指弯曲。

纠正方法：挺胸、松肩，两臂用力外撑。

（二）团身抢背

1. 动作轨迹

接上势，以右臂为支点，双脚蹬地，以躯干方向为准，屈膝团身，侧身翻滚（图 5–5）。起身成左跪步，左手抱剑置于腰间，右手酒杯式自然前伸。

图 5–5

2. 动作要点

抢背过程应干脆利落，圆润流畅。

3. 易犯错误及纠正方法

易犯错误：头部撑地，臀部先着地。

纠正方法：以右肘撑地，收敛下颌，拱背，双脚蹬地；肩、背、臀依次着地。

（三）翻身仆步敬酒

1. 动作轨迹

接上势，起身左转 360°，转动中左手抱剑、右手酒杯式，两臂交叉画竖圆（图 5–6）。各画两个竖圆后双手合于胸前（图 5–7），提踵，右脚向右前方铲出成仆步，右手酒杯式随右脚向前推出，目视右手酒杯式，左手抱剑收回腰间（图 5–8）。

图 5–6

2. 动作要点

转动中双臂应舒展画竖圆，翻身与旋转应结合完美。

3. 易犯错误及纠正方法

易犯错误：翻身迟缓。

图 5-7

图 5-8

纠正方法：腰部迅速拧转，两臂充分伸展。

（四）仰身饮酒

1. 动作轨迹

接上势，缓缓起身成马步状，以腰带动右手酒杯式在腹前划一小圈，左手抱剑自然放在腹部前侧，随之双手打开，身体后仰，重心移至左腿，右腿蹬直，右手屈肘至嘴角上方，模仿饮酒动作，头部后仰，目视右手，左手抱剑放松置于身体一侧（图 5-9）。

图 5-9

2. 动作要点

以腰带动手臂晃杯，做出酒醉正酣的状态。

3. 易犯错误及纠正方法

易犯错误：饮酒时身体静止。

纠正方法：身体重心自左向右持续移动。

（五）踉跄迈步

1. 动作轨迹

接上势，重心移至左腿，以腰带动右手酒杯式逆时针划圈（图 5-10）。起身（图 5-11），左脚向右前方上步，同时右手酒杯式划圈至胸前，重心前倾，右脚抬起向左盖步（图 5-12）。同时右手酒杯式向右从胸前晃出，右脚落地接左脚向左横迈一小步，右脚向左盖步，身体左转 180°（图 5-13）。同时两臂胸前水平交叉再分开（图 5-14），左脚向右前方上步，重心前倾，两臂自然

图 5-10

图 5-11

下落（图 5-15）。抬右脚向左盖步，左手抱剑放于上腹部，右手酒杯式逆时针画圈至面前，左脚后撤一步，右手酒杯式从嘴边划过，两臂顺势展开。同时右脚向右横迈一步，左脚移动至右脚内侧，右脚继续横迈一步，同时右手酒杯式完成一次逆时针画圈；左脚再移动至右脚内侧，右脚再继续横迈一步，同时右手酒杯式又完成一次逆时针画圈。

图 5-12

图 5-13

图 5-14

图 5-15

2. 动作要点

跟跄步要明确动作路线，身体松紧有度，手法、步法与重心应配合一致。

3. 易犯错误及纠正方法

易犯错误：脚步路线不清晰，与身体配合不协调。

纠正方法：脚步移动与身体运动协调配合。

（六）提膝击打

1. 动作轨迹

接上势，左脚向右前方上步，提右膝，两臂同时向右摆，身体重心左移，右手酒杯式击出，目视右手酒杯式，左手抱剑自然置于胸前（图 5-16）。

图 5-16

2. 动作要点

提膝击打的同时，身体重心向左移。

3. 易犯错误及纠正方法

易犯错误：支撑腿弯曲。

纠正方法：松肩沉肘，拔背顶颈，敛臀挺膝。

（七）腾空旋子

1. 动作轨迹

接上势，身体顺势左后转，左脚向前上步，右脚弧形上步，左脚随之后转 180°，双腿屈蹲，上体前俯，向左后甩腰。同时，两臂伸展随身体向左摆动，接着左脚蹬地，右脚离地，两腿随身体向左平旋，身悬体空（图5-17），右脚、左脚相继落地。

图 5-17

2. 动作要点

左腿蹬地时，踝、膝、髋要迅速蹬直，空中保持抬头、挺胸，身体水平旋转，两腿略高于头；旋转时要直臂、直膝，两手保持一条直线，手臂的摆动和腿的蹬摆节奏一致。

3. 易犯错误及纠正方法

易犯错误：凸臀、弯腿、低头。

纠正方法：多做原地旋转的燕式平衡练习，要求抬头、挺胸、展胯、挺膝、绷脚面。

（八）并步抹手

1.动作轨迹

接上势，右手剑指在上，左手抱剑在下，两臂交叉合于胸前（图 5–18）。迅速并步左转 450°，转动中右手剑指在左臂小臂上侧平抹而过（图 5–19）。随着身体转动，左右手再交叉合于胸前，此时双腿成马步（图 5–20）。

图 5–18

图 5–19

图 5-20

2. 动作要点

旋转迅速，抹手干脆，眼随右手酒杯式而动。

3. 易犯错误及纠正方法

易犯错误：剑指变为酒杯式。

纠正方法：右手以剑指抹手结束时变为酒杯式。

（九）插步前靠

1. 动作轨迹

接上势，起身，身体重心向右倒（图 5-21），以腰带动右肩臂使右手酒杯式向内画小圈。左脚从右脚后侧插步。身体重心继续向右倒，右脚随之向右迈一步，左手抱剑自然放于体侧。

2. 动作要点

身体重心的起落要与步法节奏一致。

3. 易犯错误及纠正方法

易犯错误：耸肩、含胸。

纠正方法：松肩沉肘，拔背顶颈。

图 5-21

图 5-21 附图

第二段

（十）弓步刺剑

1. 动作轨迹

接上势，左脚从右脚前侧盖步，随之右脚抬起从左腿前侧盖步，同时两臂向右摆使双手合于右侧腋下并交剑于右手(图 5-22)。右脚落地时，左脚向左侧迈步，成左弓步，右手持剑从腰间向身体前方刺一剑，同时左手变剑指，左臂伸直向左平划至身后（图 5-23)。

图 5-22

图 5-22 附图

图 5-23

2. 动作要点

左右盖步要连贯，交剑要顺畅自然。

3. 易犯错误及纠正方法

易犯错误：刺剑时左手剑指低垂。

纠正方法：两臂充分伸展，剑指有力。

（十一）转身扫剑

1. 动作轨迹

接上势，起身，左脚蹬地，以右脚为支点，左脚抬起，身体向右旋转360°成马步。转动开始时右手持剑翻腕，在胸前自左向右平扫并挽花剑，之后以剑尖扫地画弧180°（图5-24、图5-25）。

图5-24

图5-25

2. 动作要点

平扫剑、挽花剑、剑尖扫地画弧应一气呵成。

3. 易犯错误及纠正方法

易犯错误：扫剑时左手剑指低垂或手心向前。

纠正方法：左臂上扬并内旋使手心向外。

（十二）跪步仰身饮酒

1. 动作轨迹

接上势，由马步变双跪步，挺腰，身体后仰，同时左手剑指变酒杯式举起至头部上方，抬头饮酒，右手持剑撑地（图 5-26）。

2. 动作要点

跪步与饮酒应同步完成。

3. 易犯错误及纠正方法

易犯错误：臀部后坐，下颌收敛。

纠正方法：挺腰、挺胸，向后仰头。

图 5-26

（十三）左右挽花

1. 动作轨迹

接上势，起身，右手持剑从身后自下而上再向下至身体前侧，左右挽花剑（图 5-27），双眼随剑而动。

2. 动作要点

左侧挽花剑时，左脚向前迈一步，身体重心前倾；右侧挽花剑时，右脚向前盖一小步，身体重心向后倾。

图 5-27

3. 易犯错误及纠正方法

易犯错误：挽花时剑身距身体过远。

纠正方法：右手持剑使大臂贴靠于躯干。

（十四）退步点剑

1. 动作轨迹

接上势，左脚后撤一步，右手持剑向前点一剑，同时左手自然分开，目视剑尖（图 5-28）。

图 5-28

2. 动作要点

点剑与左脚撤步节奏一致；点剑动作形成时，左手成剑指，两臂前后平举比肩略高。

3. 易犯错误及纠正方法

易犯错误：两臂低垂。

纠正方法：两臂充分伸展，双手过肩。

（十五）迈步平抹

1. 动作轨迹

接上势，身体后仰，右手持剑举高挽花剑于外侧，左脚向前迈一步，右脚抬起盖步，盖步过程中，右手持剑在胸前平抹一剑（图 5-29）。

图 5-29

2. 动作要点

抹剑与右脚落地节奏一致，抹剑时上身前倾、臀部后坐、重心后倾。

3. 易犯错误及纠正方法

易犯错误：右脚向左盖步时膝关节弯曲。

纠正方法：右腿伸展，直起直落。

（十六）撤步撩剑

1. 动作轨迹

接上势，右脚落地，左脚后撤一步（图 5-30），右手持剑，腕内旋于身体右侧自下而上撩剑至身体前上方（图 5-31）。

2. 动作要点

撩剑时，剑不宜距离身体过远；左手成剑指，随右手协调而动。

图 5-30

图 5-31

3. 易犯错误及纠正方法

易犯错误：左臂低垂。

纠正方法：左臂随右臂撩剑同时上扬。

（十七）挽花反撩

1. 动作轨迹

接上势，身体右转 360°，转身开始时在身前提剑（图 5-32），转身不停，转动中右手持剑于右臂外侧逆时针方向挽花剑一次（图 5-33）。转身结束时，左脚向右前方迈步，同时向前反撩一剑（图 5-34）。

图 5-32

图 5-32 附图

图 5-33

图 5-34

2. 动作要点

转身与反撩剑、挽花剑同时完成；跳步与反撩剑节奏一致。

3. 易犯错误及纠正方法

易犯错误：左臂无力。

纠正方法：两臂同时用力。

（十八）鱼跃抢背

1. 动作轨迹

接上势，调整脚步，右脚向前蹬地，身体重心向前（图 5-35），卷体向前倾倒，左腿向上摆起，以肩胛骨着地，屈膝、团身、侧身向前翻滚（图 5-36），起身成左跪步。

图 5-35

2. 动作要点

抢背过程应干脆利落，圆润流畅。

图 5-36

3. 易犯错误及纠正方法

易犯错误：鱼跃抢背未腾空。

纠正方法：右脚蹬地使身体腾空后抢背。

（十九）跃起平崩

1. 动作轨迹

接上势，双脚原地跃起，以右脚做腾空侧踹，同时右手平崩剑，双眼看剑（图 5-37）。身体落地，右手持剑指向斜上方(图 5-38)。

图 5-37

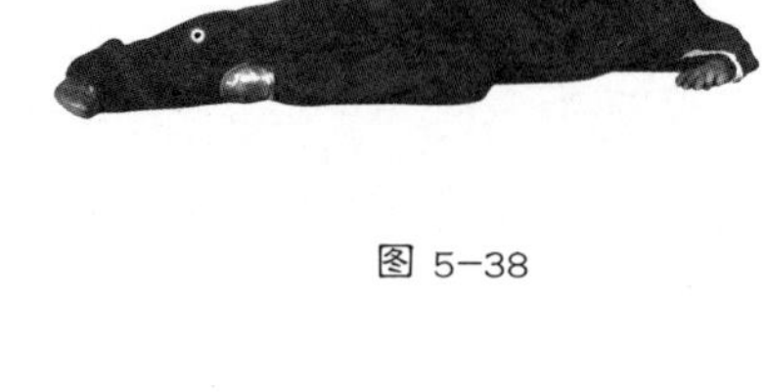

图 5-38

2. 动作要点

腾空时，身体平直，侧踹有力，平崩剑脆快。

3. 易犯错误及纠正方法

易犯错误：忽略侧踹。

纠正方法：跃起崩剑与侧踹同步完成。

（二十）乌龙绞柱

1. 动作轨迹

接上势，向右翻身仰卧，右脚离地向头部上方扫转（图 5-39），两臂顺势在上身两侧撑地，臀部离地，上身仅以肩背着地使身体倒立（图 5-40）。右脚从头向前向右、向后绞，左脚从右向前、向左绞，两腿在空中相绞，两肘顺势撑地（图 5-41），双腿相继下落，起身。

2. 动作要点

乌龙绞柱，必须以肩颈部位着地，腰背上绞时双腿要尽量伸展、挺髋。

3. 易犯错误及纠正方法

易犯错误：腰背贴着地面。

纠正方法：加大扫举腿的幅度和速度，并以肩颈部位着地，同时协调配合腰背上顶及两臂上推。

图 5-39

图 5-40

图 5-41

（二十一）空翻前跌

1. 动作轨迹

接上势，向前上方叉一剑，左脚蹬地起跳，团身腾空，翻转360°（图 5-42），以背部着地，双手于身体两侧扶地，双腿屈膝落地，挺髋，收腰（图 5-43）。

图 5-42

图 5-43

2. 动作要点

以头部带动全身翻转，双腿尽量靠拢，以腰腹为轴进行旋转。

3. 易犯错误及纠正方法

易犯错误：臀部触地。

纠正方法：落地时以肩背与双脚支撑身体。

（二十二）鲤鱼打挺

1. 动作轨迹

接上势，身体仰卧，双腿伸直摆动至头部上方，膝部接近前额，双手扶按两膝（图 5–44），双腿向上、向前、向下摆，挺腹、仰头、振摆而起（图 5–45）。

2. 动作要点

两腿要尽量向前上方伸髋。展体、挺腹、仰头要及时。向下打腿要迅速，两腿尽量靠近臀部，身体要成半圆形。

图 5–44

图 5–45

3. 易犯错误及纠正方法

易犯错误：打腿后收髋。

纠正方法：抬头、挺胸、展腹、松髋。

第三段

（二十三）挽花点剑

1. 动作轨迹

接上势，左手变剑指，身体左转 360°，转动中右臂直臂持剑自下而上画竖圆，期间左臂与右臂成担肩姿势。转动结束，左脚向左前方迈一步，同时于内侧挽花剑；右脚盖步，同时于外侧挽花剑（图 5-46），右脚落地时点剑（图 5-47）。

图 5-46

图 5-47

2. 动作要点

内外两侧挽花剑与左右脚步法节奏一致。

3. 易犯错误及纠正方法

易犯错误：挽花时剑身距身体过远。

纠正方法：右手持剑使大臂贴靠于躯干。

（二十四）退步带剑

1. 动作轨迹

接上势，撤右脚，同时于外侧撩剑至胸前；撤左脚，同时自左向右、自下而上带剑，左手剑指向左展开，并步后仰(图 5-48)。

图 5-48

2. 动作要点

步法与剑式节奏一致，相互协调。

3. 易犯错误及纠正方法

易犯错误：剑身未贴于身体。

纠正方法：带剑时使剑贴身。

（二十五）上步刺剑

1. 动作轨迹

接上势，左脚前进一步，同时右手持剑收回腰间(图 5-49)；右脚再进一步，同时右手持剑向前进方向刺剑，左手剑指自然放在右肩处（图 5-50）。

图 5-49

图 5-50

2. 动作要点

左右前进步、插步要流畅，刺剑有力，动作饱满，双眼看剑。

3. 易犯错误及纠正方法

易犯错误：刺剑与步法不一致。

纠正方法：刺剑与右脚落步保持节奏一致。

（二十六）插步截剑

1. 动作轨迹

接上势，左脚从右脚后侧插步成交叉步，右手持剑于胸前向前下方截剑，同时左手剑指撩至头部左侧上方（图 5-51）。

2. 动作要点

转身与截剑节奏一致，右手持剑直臂、肘微屈，截剑有力。

图 5-51

图 5-51 附图

3. 易犯错误及纠正方法

易犯错误： 身体重心左移。

纠正方法： 拔背顶颈，松肩沉肘。

（二十七）并步云剑

1. 动作轨迹

接上势，体转不停，截剑结束时，右手持剑举至头顶，仰头看剑，顺时针方向云剑一周，左手剑指仍然停在胸前(图5-52)。

图 5-52

2. 动作要点

并步云剑与上势插步截剑为连续动作，系列动作应一气呵成。

3. 易犯错误及纠正方法

易犯错误：云剑时身体前倾或直立。

纠正方法：云剑时挺腰、挺胸，身体后仰。

（二十八）劈剑抢背

1. 动作轨迹

接上势，在面前向左劈剑（图 5-53），同时左手剑指顺势向左自然分开，再接抢背（图 5-54）。注：此处抢背与本套路第十八势抢背的动作轨迹相同。

图 5-53

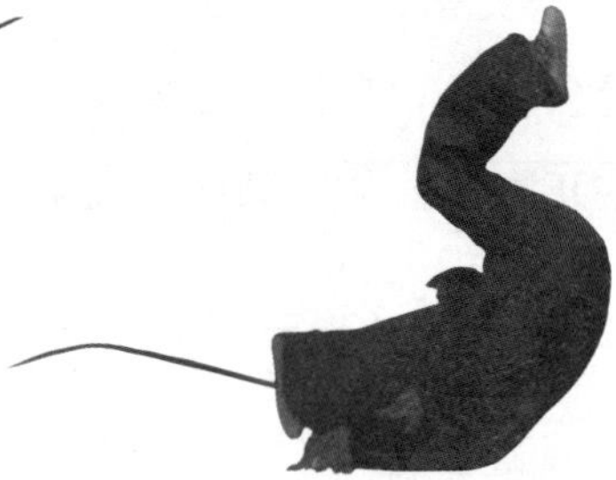

图 5-54

2. 动作要点

劈剑有力，抢背干脆利落，圆润流畅。

3. 易犯错误及纠正方法

易犯错误：劈剑时屈肘。

纠正方法：劈剑时身体重心前移，右臂伸展。

（二十九）提膝挂剑

1. 动作轨迹

接上势，在头部上方逆时针云剑，同时左手剑指搭在右手腕处（图 5-55），提右膝，右手扣腕向下向上挂剑（图 5-56）。

图 5-55

图 5-56

2. 动作要点

挂剑与提膝同步完成。

3. 易犯错误及纠正方法

易犯错误：双手止于膝上。

纠正方法：提膝，双手前伸停于膝关节前下侧。

（三十）翻身挽花

1. 动作轨迹

接上势，起身左转，同时右手持剑于外侧顺时针挽花剑一次（图 5-57），翻身 360°接顺时针胸前挽花剑一次（图 5-58）。

图 5-57

图 5-58

2. 动作要点

左转与翻身衔接流畅。

3. 易犯错误及纠正方法

易犯错误：翻身后未能伸展两臂。

纠正方法：翻身后拔背顶颈，头部后仰，两臂伸展。

（三十一）斜上刺剑

1. 动作轨迹

接上势，屈膝半蹲，同时左手剑指与右手持剑合于胸前（图 5-59）。双膝用力做跳叉步，成右脚前点、左脚后踏，同时右手持剑于身体右侧斜向上刺剑，左手剑指顺势向左分开（图 5-60）。

图 5-59

图 5-59 附图

图 5-60

2. 动作要点

刺剑有力，跳步迅速轻盈，双眼看剑。

3. 易犯错误及纠正方法

易犯错误：刺剑时左臂低垂。

纠正方法：刺剑时两臂充分伸展。

（三十二）转身云剑

1. 动作轨迹

接上势，拱背，左脚向左迈一步，右脚向左盖步，同时以腰带右臂左转，左脚撤步，仰头，右手持剑在额前顺时针方向云剑一周（图 5-61）。

图 5-61

2. 动作要点

左右脚相继三个动作应连贯。

3. 易犯错误及纠正方法

易犯错误：云剑过高。

纠正方法：云剑时屈肘，在额前完成云剑。

（三十三）踉跄绞剑

1. 动作轨迹

接上势，左脚向左前方迈一步，同时右手持剑向内绞（图 5-62），右脚向左盖步，完成第一次绞剑（图 5-63）；左脚后撤一步，右脚向右后方撤步，完成第二次绞剑（图 5-64）；左脚向右前方盖步，右脚抬起向左盖步，上身前倾；右脚落地，左脚向左前方横迈一步，成踉跄状（图 5-65）。

2. 动作要点

绞剑与踉跄步起落节奏一致。

图 5-62

图 5-63

图 5-64

图 5-65

3. 易犯错误及纠正方法

易犯错误：脚步路线不清晰，与身体配合不协调。

纠正方法：脚步移动与身体运动协调配合。

（三十四）上步撩剑

1. 动作轨迹

接上势，右脚向左前方盖步，同时右手持剑从身体右侧自上向下、再向上撩剑至身体左侧（图 5-66）。左脚向右盖步，右手持剑于身体左侧向上向右带至身体右侧腰间（图 5-67、图 5-68），同时右脚顺势前进一步。

图 5-66

图 5-67

2. 动作要点

步法连贯，正反两次撩剑与两次步法节奏一致。

3. 易犯错误及纠正方法

易犯错误：含胸。

纠正方法：拔背顶颈，挺胸仰头。

图 5-68

(三十五) 侧倒反撩

1. 动作轨迹

接上势，左脚向前跨一步，左脚落地时右手持剑向前平刺一剑（图 5-69）。右脚从左脚内侧向左滑出，侧倒，即将倒地时反撩一剑，倒地后，右臂伸直贴地，左手剑指放在胸前扶地，双眼看剑（图 5-70）。

图 5-69

图 5-70

2. 动作要点

刺剑与撩剑衔接连贯。

3. 易犯错误及纠正方法

易犯错误：侧倒身体松散，眼神飘离。

纠正方法：身体保持适度紧张，目视剑的延长线处。

（三十六）乌龙绞柱

1. 动作轨迹

接上势，左转平躺，做乌龙绞柱（与本套路第二十势相同）。

2. 动作要点

乌龙绞柱，必须以肩颈部位着地，腰背上绞时要尽量双腿伸展、挺髋。

3. 易犯错误及纠正方法

易犯错误：腰背贴着地面。

纠正方法：加大扫举腿的幅度和速度，并以肩颈部位着地，同时协调配合腰背上顶及两臂上推。

第四段

（三十七）跃起反劈

1. 动作轨迹

接上势，右脚向左盖步左转 180°，两臂随身体左转，右脚蹬地起跳，同时右手持剑向左劈一剑（图 5-71），左脚先落地。

2. 动作要点

转体与起跳衔接连贯，劈剑有力，劈剑时挺腰展腹。

3. 易犯错误及纠正方法

易犯错误： 腾空高度不足。

纠正方法： 舒展身体。

图 5-71

（三十八）上步撩剑

1. 动作轨迹

接上势，右脚于左脚右前方落地（图 5-72），左脚、右脚相继向右前方上一步，同时右手持剑自下向上提剑至左胸前，向右、向下再向上撩剑，同时左手剑指顺势向左下方划去（图 5-73）。

2. 动作要点

提剑与撩剑应衔接连贯。

图 5-72

图 5-73

3. 易犯错误及纠正方法

易犯错误：撩剑时右臂屈肘。

纠正方法：两臂充分伸展，拔背顶颈。

（三十九）转身平斩

1. 动作轨迹

接上势，左脚向前迈一步，重心前倾，上右脚，身体右转，以腰带动右臂向后平斩一剑，同时左手剑指随身体右转而摆至左胸前（图 5-74）。

2. 动作要点

左脚迈步与重心前倾节奏一致；斩剑时，双眼看剑。

图 5-74

图 5-74 附图

3. 易犯错误及纠正方法

易犯错误：斩剑与劈剑混淆。

纠正方法：斩剑时，力达整个剑身。

(四十) 并步云剑

1. 动作轨迹

接上势，左脚向前迈一小步，右脚随之向左盖步使身体左转，同时右手持剑于额前顺时针方向云剑一周，成并步(图 5-75)。

2. 动作要点

云剑与转身节奏一致，转身时，身体重心随云剑顺时针方向晃动。

图 5-75

3. 易犯错误及纠正方法

易犯错误：云剑时身体前倾或直立。

纠正方法：云剑时挺腰、挺胸，身体后仰。

(四十一) 仰身后跌

1. 动作轨迹

接上势，身体重心向后微倾，右脚、左脚相继随之向后退一小步成并步站立，左手剑指按于右手腕处，同时完成一次逆时针方向绞剑（图 5-76）。提右脚向前上方点趾，同时身体重心向后倾倒，两臂不动，左腿支撑，上背部着地，挺腰、收髋，左腿屈膝撑地，右腿伸直、绷脚面向前上方点趾，双眼看剑（图 5-77）。

图 5-76

图 5-77

2. 动作要点

地面状态时，腰部、臀部不着地；倒地时保持身体稳定，没有晃动。

3. 易犯错误及纠正方法

易犯错误：后跌时右脚向前蹬地。

纠正方法：后跌时以右脚支撑身体。

（四十二）鲤鱼打挺

1. 动作轨迹

接上势，完成鲤鱼打挺（与本套路第二十二势相同）。

2. 动作要点

两腿要尽量向前上方伸髋。展体、挺腹、仰头要及时。向下打腿要迅速，两腿尽量靠近臀部，身体要成半圆形。

3. 易犯错误及纠正方法

易犯错误：打腿后收髋。

纠正方法：抬头、挺胸、展腹、松髋。

（四十三）插步平斩

1. 动作轨迹

接上势，起身向前轻刺一剑，左脚后撤一步成交叉步，同时以腰带动两臂向右转，左手剑指摆至胸前，右手持剑向右、向后水平斩剑，双眼看剑（图 5-78）。

图 5-78

2. 动作要点

交叉步与转身衔接连贯，斩剑有力。

3. 易犯错误及纠正方法

易犯错误： 斩剑与劈剑混淆。

纠正方法： 斩剑时，力达整个剑身。

（四十四）转身云剑

1. 动作轨迹

接上势，身体左转，以腰带动右脚向左、向后画弧180°，左脚顺势自然收回成并步，同时右手持剑随身体左转于面前顺时针方向云剑一周（图 5-79）。

图 5-79

2. 动作要点

转体与云剑节奏一致，身体重心随云剑晃动。

3. 易犯错误及纠正方法

易犯错误： 云剑时躯干静止。

纠正方法： 云剑时身体随云剑晃动。

（四十五）踉跄步接剑

1. 动作轨迹

接上势，左手顺势接剑（成抱剑）自然下落，重心向前倾倒，同时左脚向右前方迈一步（图 5-80）；右脚随之抬起向左盖步，左脚随之向左后方退一步。

图 5-80

2. 动作要点

做踉跄步时，双脚步法与身体重心的偏移节奏一致。

3. 易犯错误及纠正方法

易犯错误：脚步路线不清晰，与身体配合不协调。

纠正方法：脚步移动与身体运动协调配合。

（四十六）醒酒式

1. 动作轨迹

接上势，右手变酒杯式从身体右侧下方经体前左侧向上、向右画弧，经过下颚，向身体右侧上方甩出（即摔杯），左手抱剑自然落于身体左侧（图 5-81）；右手酒杯式自然下落并低头，同时重心前倾，左脚向右前方迈一步，右脚向左盖步至左脚左侧，左脚随之横迈一小步，右脚稍微移动使两腿分立站定（图 5-82）；甩头醒酒。

图 5-81

2. 动作要点

摔杯醒酒式与前式跟跄步应衔接连贯；摔杯时，双眼看杯。

3. 易犯误及纠正方法

易犯错误： 摔杯时双脚移动。

纠正方法： 摔杯时双脚站定，身体重心随摔杯移动。

图 5-82

收势

1. 动作轨迹

接上势，抬头，左脚收回并步，右手剑指，左手抱剑自然放于身侧，目视前方（图 5-83）。

2. 动作要点

身体中正自然、松紧有度，双眼有神。

图 5-83

第六章 醉拳对练

第一招

（一） 霸王敬酒

1. 动作轨迹

乙方出拳攻击甲方胸部，甲方迅速闪躲并用掌去格挡对方（图 6-1）。

图 6-1

2. 动作要点

反应要迅速，格挡时要稳、准、快。

3. 易犯错误及纠正方法

易犯错误：反应慢，不知如何格挡。

纠正方法：对方攻击时勿分神，伸手速度要快。

（二）提肘

1. 动作轨迹

当乙方右手抓住甲方左手时（图 6-2），甲方身体微前倾，右臂迅速折肘，以肘关节攻击对方下颌处（图 6-3）。

图 6-2

图 6-3

2. 动作要点

攻击速度要快，迅速提肘。

3. 易犯错误及纠正方法

易犯错误：提肘动作不明显。

纠正方法：提肘动作幅度要大，速度、力量要快要大。

（三）杯中抱月

1. 动作轨迹

乙方出左手攻击时，甲方右手格挡并顺势抡臂于乙方头部，乙方弯腰闪躲（图 6–4）。

2. 动作要点

甲方出手速度要快，力度要大。

3. 易犯错误及纠正方法

易犯错误：出手速度慢、无力，击打部位不准确。

纠正方法：集中注意力，反应要快，击打要准、狠。

图 6–4

（四）泰山压顶

1. 动作轨迹

接上势，甲方左脚向前迈步，右脚继续向前迈步，身体重心倾倒于乙方后背。甲方双手放松，右肘面击打乙方后背(图 6–5)。

2. 动作要点

步子灵活，重心下压，右肘击打要有力。

图 6–5

3. 易犯错误及纠正方法

易犯错误：脚步不灵活，动作不熟悉，没有压顶的动作。

纠正方法：熟悉掌握技能，充分体现下压、顶肘的动作。

第二招

（一）醉仙敬酒

1. 动作轨迹

乙方出右拳攻击，甲方顺势格挡（图 6-6）。乙方继续出左拳攻击，甲方迅速撤左腿，左手继续格挡（图 6-7）。接上势，甲方迅速转身，腰带动手臂击打对方头部（图 6-8）。

图 6-6

图 6-7

图 6-8

2. 动作要点

防守时速度要快，转身以腰带臂迅速击打对方。

3. 易犯错误及纠正方法：

易犯错误：转身时，没有利用腰部，仅用手臂力量去击打对方，力量不足。

纠正方法：利用腰部转身的惯性达到手臂力量的最大化，击打对方。

（二）白猿蹬枝

1. 动作轨迹

接上势，甲方右腿迅速抬起前蹬，蹬于对方腹部（图 6-9）。

图 6-9

2. 动作要点

蹬腿时挺胸、直腰，蹬腿时力达脚跟，前蹬。

3. 易犯错误及纠正方法

易犯错误：蹬腿无力，蹬腿高度时高时低。

纠正方法：蹬腿力达脚跟，蹬腿高度与腰齐平，蹬腿要有爆发力。

第三招

罗汉撞钟

1. 动作轨迹

当乙方屈右腿进攻时，甲方侧身迎接，右手上举，身体右侧紧绷前靠，将对方弹出（图 6-10）。

图 6-10

2. 动作要点

速度要快，力量要大。

3. 易犯错误及纠正方法

易犯错误：身体未转正顶出。

纠正方法：身体攻击时要侧转，不能正面迎击。

第四招

右刁左肩靠

1. 动作轨迹

乙方攻击，甲方接手格挡（图 6-11），甲方右手顺势抓住乙方右手，顺时针旋拧乙方手腕（图 6-12）。接上势，甲方左脚背顺势踢于乙方右腿膝窝（图 6-13），甲方左腿上步，侧身前倾，左手落于乙方右腋窝下，分掌送出（图 6-14）。

图 6-11

图 6-12

图 6–13

图 6–14

2. 动作要点

旋拧动作要快、准，踢膝窝时要迅速，分掌要有力。

3. 易犯错误及纠正方法

易犯错误：击打部位不准确，速度过慢。

纠正方法：分节训练，找准击打部位。

第五招

醉踢连环

1. 动作轨迹

乙方进攻时，甲方转身后摆腿（图 6–15），继而前扫腿（图 6–16），最后盘腿跌于乙方头部（图 6–17）。

图 6-15

图 6-16

图 6-17

2. 动作要点

后摆腿速度要快，扫腿、下跌要有力。

3. 易犯错误及纠正方法

易犯错误：后摆腿重心不稳，前扫无力，下跌击打部位不准确。

纠正方法：后摆腿、前扫要稳、准、狠。

第六招

卧身剪腿

1. 动作轨迹

双方站立，甲方前滚翻到达对方面前，双腿成剪腿状态，顺势蹬出（图 6–18）。

图 6–18

2. 动作要点

滚翻要快，剪腿有力、快速。

3. 易犯错误及纠正方法

易犯错误：剪腿无力。

纠正方法：剪腿时，双腿要有力。

注：甲方为长袖表演服习练者，乙方为短袖表演服习练者。

图书在版编目(CIP)数据

中国醉拳 / 郭玉成主编. -北京：人民体育出版社，2018

ISBN 978-7-5009-5227-5

Ⅰ. ①中… Ⅱ. ①郭… Ⅲ. ①醉拳-基本知识-中国 Ⅳ. ①G852.9

中国版本图书馆 CIP 数据核字（2017）第 212953 号

*

人民体育出版社出版发行
三河紫恒印装有限公司印刷
新 华 书 店 经 销

*

880×1230 32 开本 6.25 印张 137 千字
2018 年 9 月第 1 版 2018 年 9 月第 1 次印刷
印数：1—4,000 册

*

ISBN 978-7-5009-5227-5
定价：24.00 元

社址：北京市东城区体育馆路 8 号（天坛公园东门）
电话：67151482（发行部） 邮编：100061
传真：67151483 邮购：67118491
网址：www.sportspublish.cn
（购买本社图书，如遇有缺损页可与邮购部联系）